개정신판

CHINESE CUISINE

국가공인 조리기능장이 쓴

고급중국요리비법

정윤두 · 김호석 · 윤인자 · 김주현 · 김준호
박기오 · 강일영 · 이승훈 · 김순태 · 노병국

지식인

개정신판

고급중국요리비법

2014년 7월 15일 초　　판 1쇄 발행
2016년 8월 25일 개정신판 1쇄 발행

지은이 | 정윤두·김호석·윤인자·김주현·김준호
박기오·강일영·이승훈·김순태·노병국
사　진 | 박규민
펴낸이 | 김종욱
펴낸곳 | 지식인
등　록 | 제301-2013-134호
주　소 | 서울시 도봉구 도봉로 476, 415호(삼성쉐르빌퍼스티)
전　화 | 02)2266-8606(대)
팩　스 | 02)2266-8607
이메일 | jisikin2013@naver.com
홈페이지 | www.jisikinbook.co.kr

ISBN 978-89-98591-89-2 (93590)

값 28,000원

CHINESE CUISINE

국가공인 조리기능장이 쓴 고급중국요리비법

P R E F A C E

전 세계는 정보통신의 발달로 인해 다양한 분야에서 문화의 교류와 소통이 활발하게 이루어지는 지식과 정보의 홍수가 되었다. 이러한 환경은 음식문화에서도 예외일 수 없듯이, 세계 각국의 음식문화가 국경을 초월하여 서로 융합하며 발전하는 기틀을 마련하는 계기가 되었다.

본서에서 다루는 중국 음식문화는 오래 전부터 실크로드를 통한 개방의 시기를 거치며 유럽을 비롯한 전 세계로 뻗어나갔으며, 우리나라를 비롯한 동아시아 전 지역의 식문화에도 직·간접적으로 많은 영향을 주었다. 이러한 중국 음식문화가 어떠한 시기에 어떠한 형태로 한국에 건너왔으며, 한국 음식문화와 어우러지게 되었는지를 알아가는 것은 외국문화를 올바로 인식하고 받아들이는 글로벌 전문가가 지녀야 할 가장 기본적인 자세라고 생각한다. 외국문화를 정확히 이해하고 우리의 식문화에 맞게 받아들여 발전시키는 것 또한 전문가들의 역할인 것이다.

우리가 어릴 때부터 맛있게 먹었던 중국 음식들을 접할 때면 이런 생각이 들었다. '중국 사람들도 우리와 똑같은 맛과 형태로 먹고 있을까'에 대한 궁금증이었다. 오래 전 필자가 중국 북경에서 경험한 일이다. 한국의 중식당에서 쓰고 있는 '짜장면(炸醬麵)'과 똑같은 글자의 짜장면 음식점을 방문했을 때, 우리 앞에 놓인 짜장면(炸醬麵)은 형태와 맛이 전혀 달랐다. 이처럼 음식문화는 환경이 변하면서 그 환경에 맞게 새로이 변형된다는 것을 새삼 느끼게 되었다.

이에 필자들은 우리나라에 정착되어 있는 중국음식의 문화를 본질적인 개념을 바탕으로 하여 국내 외식산업 현장과 중국 본토에서의 유학 경험, 특급호텔에서 판매되고 있는 다양한 메뉴들, 그리고 학교에서 중국요리를 가르치는 등 다양한 경험들을 바탕으로 중국 현지의 음식과 국내에 있는 중국음식을 통해, 중국 음식문화의 기원과 중국요리에 관한 지식을 공부하는 기초 입문자와 이미 현장에서 근무하고 있는 전문 조리사들에게 저자들의 지식을 공유하고자 하였다.

본서는 중국의 음식문화를 이해하기 위해 본질적인 측면을 고려하여 중국요리 명칭을 표준 중국어로 표기하였으며, 이는 중국 음식문화에 대한 학문적 지식을 습득하기 위함이다. 그리고 수록된 모든 메뉴는 국내 외식산업 현장에서 실제로 이루어지는 매뉴얼을 바탕으로 하여 구성하였다. 또한 중국 음식문화와 관련된 조리 관련서적을 수집하여 중국 원서를 바탕으로 조리이론을 체계적으로 정리하였다.

현재 국내에 출판되어있는 중국 음식과 관련된 전문적인 조리용어와 조리방법의 설명은 학문적인 체계가 미흡한 것이 현실이다. 그러다보니 대부분의 용어와 조리법은 산업 현장에서 사용하는 것을 구전에 의해 경험적 지식으로 습득될 뿐이고 정확한 개념의 이해가 이루어지지 못했다. 그러나 본서를 바탕으로 학습하는 많은 후학들에게 이 책이 많은 도움이 되길 바라며, 혹여 부족한 부분에 대해서는 겸손한 자세로 독자 분들의 충고를 받아드릴 것이다. 초판을 발행한 이후 새롭게 바뀐 조리기능사 부분을 적용하여 보완하였으나, 아직도 많은 노력이 필요함을 알기에 부족한 부분은 다음을 위하여 여지를 남겨두고자 하며, 꼭 더 좋은 모습으로 노력의 결실을 맺기 위해 감히 다음 결과물에 대한 약속을 드리고자 한다.

이 책이 빛을 볼 수 있도록 도와주신 많은 분들에게 감사의 인사를 드린다. 특히 이 책이 출판되기까지 긴 시간동안 기다려 주고 지원해 준 지식인출판사 사장님과 직원 분들에게 마음으로부터 감사를 표한다. 그리고 본서를 집필한 필자 분들 모두 수고하셨습니다.

저자 일동

CHINESE
CUISINE

이론편

실기편

중식 조리기능사

Chinese Cuisine

고급중국요리비법

이론편

CHINESE CUISINE

중국요리의 이해 • 중국요리의 식자재 및 향신료
중국요리의 조리방법 및 상차림 • 중국요리의 칼질 • 중국차와 술

01 중국요리의 이해

제1절 중국요리의 역사와 특징

1. 중국요리의 역사

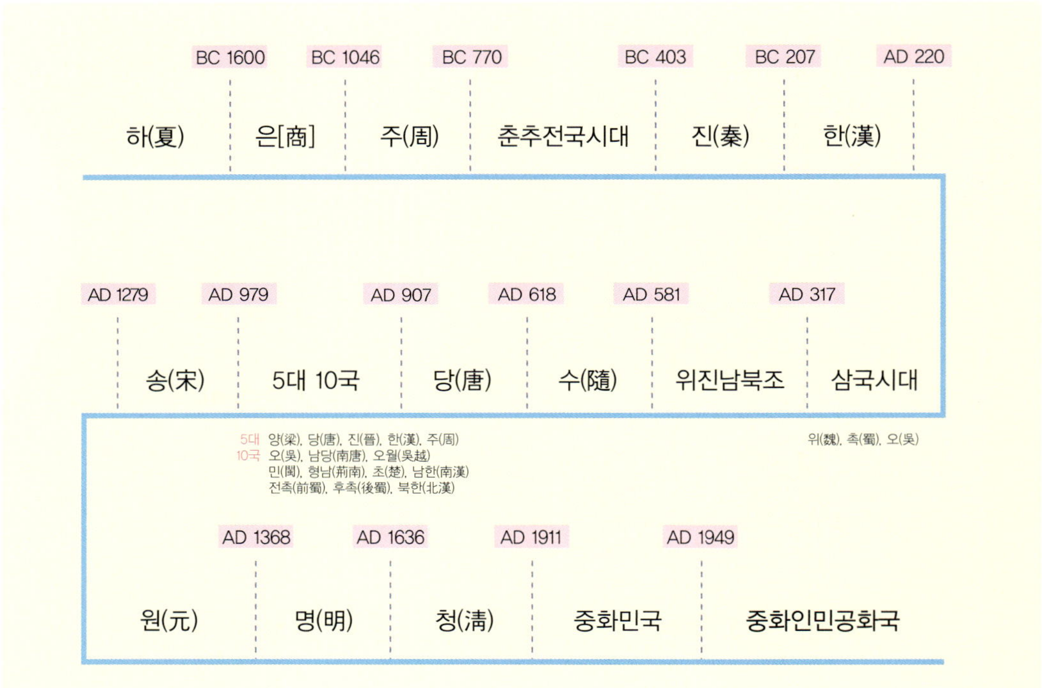

1) 하(夏)나라(? ~ BC 1600)

하(夏)나라는 그 존재 자체가 고고학적으로 입증되지는 못했으나 전승되는 중국 최초의 왕조이다. 전승에 따르면, 하나라는 우에서 걸까지 17왕 472년 동안(BC 1600년 무렵까지) 존속했다.

2) 상(商)나라(BC 1600 ~ BC 1046)

상(商)나라는 문헌에 따라 은(殷)이라는 명칭도 있으나, 은은 상왕조의 마지막 수도일 뿐이며, 은(殷)이라는 명칭은 상왕조가 멸망한 뒤 주(周)에서 상의 주민들을 낮게 호칭하던 것에서 비롯되었다. 하나라의 존재가 고고학적으로 입증되지 못한 반면, 상왕조는 20세기에 들어서 그 수도에 해당하는 은허(殷墟)의 발굴이 진행됨에 따라 적어도 그 후기에는 당시의 문화세계였던 화북(華北)에 군림하였던 실재의 왕조였음이 판명되었고, 따라서 상나라는 고고학적 연대를 확인할 수 있는 중국의 가장 오랜 국가이다.

3) 주(周)나라(BC 1046 ~ BC 770)

상(商)나라 다음의 왕조이며, 이전의 하(夏)·상(商)나라와 더불어 삼대(三代)라 불려졌다. 주(周)나라는 왕실의 일족과 공신을 요지에 두어 다스리도록 하는 봉건제도로 유명하다. BC 11세기 주나라 무왕(武王)이 상(商)나라를 멸망시키고 수도를 호경(鎬京: 西安 부근)에 정하여 주왕조를 건설하였을 때 나라의 기초를 굳건히 하기 위하여 봉건제도가 실시되었다.

4) 춘추전국시대(BC 770 ~ BC 403)

BC 770년, 주(周)왕조가 낙양(洛陽)으로 천도하기 이전의 시대를 서주시대, 이후를 동주시대라고 지칭하며, 동주시대는 춘추(春秋)시대와 전국(戰國)시대로 나누어진다. 춘추시대는 주왕조가 도읍을 옮긴 때로부터 진(晉)나라의 대부(大夫)인 한(韓)·위(魏)·조(趙) 삼씨가 진나라를 분할하여 제후로 독립할 때까지의 시기(BC 403년)를 말한다.

5) 진(秦)나라(BC 221 ~ BC 207)

BC 10세기 목축으로 이름이 나 있던 대구(大丘)의 비자(非子)는, 주나라 효왕(孝王)으로부터 진읍(秦邑: 甘肅省 淸水縣)에 봉해져 서융(西戎)의 방위를 맡음으로써 난을 일으켰고, 진시황은 분서갱유, 만리장성 축조, 무리한 토목공사 등으로 악명을 떨쳤다. 중국 최초의 통일제국이기는 하나, 불과 15년 밖에 존속하지 못하고 농민반란으로 멸망하게 되었다.

6) 한(漢)나라(BC 202 ~ AD 220)

기원전 202년 유방은 제후들의 천거로 한의 고조(高祖)라 칭하고 황제 자리에 등극하였다. 이후 400여 년 동안 한(漢)이라는 이름 아래 중국을 통치하였고, 장안(지금의 서안)에 도읍을 정하였으며, 도읍에 가까운 지역을 군현제로 하여 먼 지역은 일족의 친척이나 공신을 제후로 삼아 다스리게 하는 군국제도를 도입하였고, 이러한 한나라는 무제 통치시기에 이르러 국제적으로 가장 번성한 시기가 되었다.

7) 삼국시대(위·촉·오) (AD 220 ~ AD 317)

삼국은 유비의 촉한, 조조와 조비대로 이어지는 위, 손권의 오를 지칭한다. 가장 먼저 멸망한 나라는 촉한으로써, 위나라의 공격에 촉한의 2대 황제인 유선이 항복하여 멸망하였고, 그 다음 멸망한 위나라는 마지막 황제인 조환이 진왕 사마염에게 제위를 양위하여 멸망하였다.

8) 남북조시대(AD 317 ~ AD 581)

중국이 남북으로 분열된 시기이다. 남조는 한족(漢族) 왕조인 송(宋)나라의 문제(文帝)에서 시작되어 제(齊)·양(梁)·진(陳)의 4왕조가 교체하여 나라를 세웠다가, 589년 진(陳)이 수(隨)의 문제(文帝)에게 멸망될 때까지를 지칭한다. 북조는 오호십육국(五胡十六國)의 혼란을 수습한 북위(北魏)의 태무제(太武帝) 때부터 시작되어 남조 최후의 왕조인 진을 멸망시키고 중국천하를 통일한 때까지의 시기를 지칭한다.

9) 수(隨)나라(AD 581 ~ AD 618)

양견(楊堅: 文帝)이 581년 북주(北周)의 정제(靜帝)로부터 양위 받아 나라를 개창하고, 589년 남조(南朝)인 진(陳)을 멸망시켜 중국의 통일왕조를 이룩하였다. 38년이라는 단명 왕조였으나, 남북으로 갈라져 있던 중국을 오랜만에 하나의 판도에 넣어 진(秦)·한(漢)의 고대 통일국가를 재현한 점에서 의의가 큰 시기이다.

10) 당(唐)나라(AD 618 ~ AD 907)

618년 이연(李淵)이 건국하여 907년 애제(哀帝) 때 후량(後梁) 주전충(朱全忠)에게 멸망하기까지 290년간 20대의 황제에 의하여 통치되었다. 중국의 통일제국으로는 한(漢)나라에 이어 제2의 최성기(最盛期)를 이루어, 당에서 발달한 문물 및 정비된 제도 등 정치·문화적으로 번영한 시기였다.

11) 5대 10국시대(AD 907 ~ AD 979)

중국에서 당(唐)나라가 멸망한 907년부터, 960년에 나라를 세운 송(宋)이 전 중국을 통일하게 되는 979년까지의 약 70년에 걸쳐 흥망한 여러 나라와 그 시대였다. 5대는 화북(華北)의 중심지대를 지배하고 정통왕조의 계열로 볼 수 있는 양(梁)·당(唐)·진(晉)·한(漢)·주(周)의 5왕조인데, 같은 이름의 왕조와 구별하기 위해 앞에 후(後)자를 붙였다. 10국은 화남(華南)과 기타 주변 각 지방에서 흥망한 지방정권으로, 오(吳)·남당(南唐)·오월(吳越)·민(閩)·형남(荊南)·초(楚)·남한(南漢)·전촉(前蜀)·후촉(後蜀)·북한(北漢)을 지칭한다.

12) 송(宋)나라(AD 960~AD 1279)

처음 개봉(開封)에 도읍하였으나 1126년 정강(靖康)의 변으로 강남(江南)으로 옮겨 임안(臨安: 杭州)에 천도하였다. 카이펑시대를 북송(北宋), 임안시대를 남송(南宋)이라 칭한다. 조광윤(趙匡胤: 太祖)이 근위병의 추대를 받고 천자의 자리에 올라 960년 송나라를 건국하였고, 후에 몽골군의 침입에 의해 멸망하였다.

13) 원(元)나라(AD 1271 ~ AD 1368)

몽골족이 세운 이민왕조이다. 금나라와 송나라를 정복하고 들어와 역사상 최초로 전 중국을 지배한 왕조였는데, 황족 사이의 내분과 한족의 반란으로 약해졌다. 결국 홍건적의 난으로 멸망하였다. 이 시기 아시아 전역에는 이른바 '몽골족 지배 하의 평화'가 찾아와 동서의 문물이 자유롭게 교류하게 되어 국제무역이 번창하였다.

14) 명(明)나라(AD 1368 ~ AD 1636)

홍건적을 이끌던 주원장이 세운 한족 왕조이다. 이 시기에 한인이 또다시 동북아시아에서 패자로 군림하게 되었다. 양명학이 발달하고 부국강병제와 황제 독재체제를 유지하였으며, 1644년 이자성이 명을 멸망시키고 화북에서 청이 베이징으로 들어와 중국을 지배했다.

15) 청(淸)나라(AD 1636 ~ AD 1911)

여진족이 1616년 명(明)에서 독립하여 후금을 세웠다. 태종 때 만주와 몽골을 통일하여 청(淸)으로 국호를 변경하고 명을 압박하였다. 1644년에 이자성이 명을 멸망시키고 베이징으로 들어와 중국을 1911년까지 지배하였다. 이 청나라는 중국의 마지막 전통왕조이며 마지막 이민 왕조이다.

16) 중화민국(AD 1911 ~ AD 1949)

신해혁명을 통해 중국역사상 왕정이 아닌 최초의 공화정이 탄생했다. 하지만 이 체제는 오래 유지되지 못하고 곧 위안스카이라는 인물이 권력을 장악, 스스로 황제라 칭해 다시 왕정으로 회귀하였다. 후에 중국은 열강들의 침탈 속에 사분오열되고 강대국들의 반식민지 상태로 전락하였다. 중·일 전쟁으로 중국의 해안도시들은 모두 일본에게 점령되는 등 국가적으로 위기를 맞지만, 중국 공산당(마오쩌둥)과 중국 국민당(쑨원을 이은 장제스)이 연합하여 일본 등과 대항세력을 형성하여 외세를 몰아냈다.

17) 중화인민공화국(AD 1949 ~ 현재)

1945년 제2차 세계대전이 종결되자, 중국 공산당과 국민당은 국공내전의 쟁탈전을 벌였다. 이 내전에서 국민당이 패하여 대만으로 쫓겨가고, 중국 본토에는 마오쩌둥의 공산당이 세운 중화인민공화국이 수립되고, 대만에는 장개석의 국민당이 중화민국을 수립하였다. 대약진운동, 문화대혁명을 거친 후 중국정부는 개혁, 개방의 노선을 견지하였고, 현재 전 세계경제에 핵심 화두로 급부상했다.

2. 중국요리의 문화 인식

한국과 중국은 역사·문화적으로 매우 가까운 나라이다. 그러나 1949년 중국이 공산 정부를 수립하면서 국교가 단절되었을 때는 우리에게 '미지의 세계'라는 이미지가 형성되었고, 1992년 국교가 다시 형성되면서 우리가 지닌 문화의 오류가 하나 둘 풀리기 시작했다. 국교 형성이 다시 시작된 지 22년이 지난 현재, 우리 국민들 대다수는 중국여행을 경험하게 되었다. 그로 인해, 중국에 대한 나름대로의 이미지를 가지고 있다. 그러나 우리들은 음식문화 분야에 대한 이해는 아직도 부족한 수준이다.

음식은 사람들이 먹고 마시는 문화의 행위이며, 따라서 문화에 대한 접근이 필요하다. 음식문화는 한 사회가 지니고 있는 사회·문화적 의미가 담겨져 있다. 중국 음식이라는 특정지역의 음식이지만 그것이 소비되어지는 장소, 즉 소비되어지는 지역이나 국가 장소에서 이루어지는 소비문화에 대한 이해가 필요한 것이다.

중국음식을 이해하기 위해서는 중국문화(생활방식, 중국어체계) 전반적인 것에 대한 인식이 바탕되어야 할 필요가 있다. 중국음식의 범주는 굉장히 광범위하다고 할 수 있다. 예를 들어, 중국 대륙에 있는 23개의 성과 5개의 자치구, 56개 각각의 민족 음식들, 타이완 음식, 홍콩 음식, 마카오 음식, 전 세계 여러 나라에 흩어져 있는 화교들의 음식, 그리고 화교들이 현지에 토착하면서 형성한 현지화한 중국의 음식으로 개념을 구분하여 이해하는 것이 바람직하다.

3. 중국요리의 특징

광활한 영토에서 생산되는 풍부한 식자재와 다양한 민족의 문화 그리고 많은 인구가 중국을 대표하는 특징들이다. 여기에 유구한 역사를 가지고 있는 중국인들의 경우 먹는[食]의 행위를 가장 우선시 여기는 문화적 특징으로 인해 중국 음식문화를 이끌어 오게 된 원동력이라 할 수 있다. 중국 인구의 주류를 이루고 있는 한족과 만주족의 경우, 돼지고기를 즐겨 먹었으며 현재 중국 음식에 사용되어지는 고기는 일반적으로 돼지고기가 대표되는 현상을 가져왔다. 그 외 제비집, 곰발바닥, 뱀, 돼지뇌, 전갈, 낙타봉 등의 수천 가지가 넘는 희귀한 식자재가 요리에 사용되어지는 것 또한 특징이 될 수 있다.

중국 음식문화의 특징을 이해하기 위해서는 문화적 인식체계를 바탕으로 지역적 특성과 각각 민족의 문화적 특성, 문화적 지배계급 등을 고려하여 이해하는 것이 바람직하다.

중국에서는 일반적으로 지역적 특성에 따라서 4대, 8대, 10대 요리로 구분되어진다. 황화 문명의 발상지인 산동지역의 '산동요리'와 삼국지 시대의 촉나라 전략적 요충지였던 사천지역의 '사천요리', 해안 중심의 강소성을 바탕으로 한 '회양요리', 남방 해상교통의 요충지와 해외문명을 받아들이는 일번지 광동지역의 '광동요리'로 크게 4부분으로 나누어진다. 조금 더 세분하면 '절강요리', '복건요리', '호남요리', '안휘요리'로 나뉘어 8대 요리가 되고, 여기에 '북경요리'와 '상해요리'가 더해져 10대 요리가 된다.

제2절 지역별 중국요리

1. 4대 요리

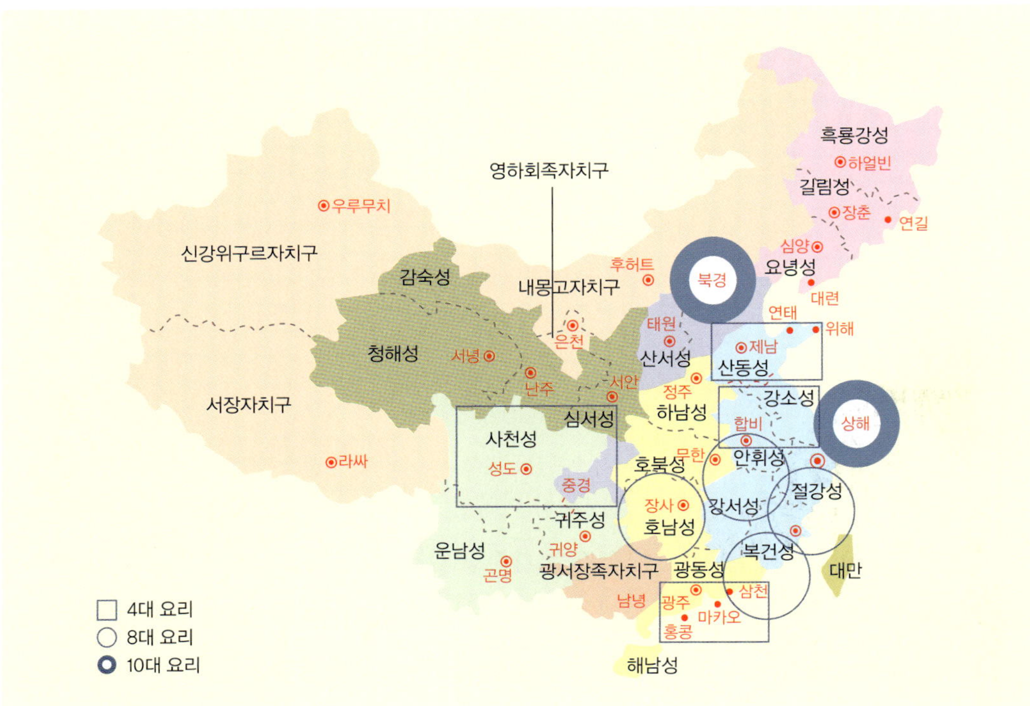

1) 산동요리(山東菜, 魯菜)

중국 황하문명의 발상지인 산동지방은 황하 하류 지역에 위치하고 교동반도와 황해의 해안지대에 접하고 있어 해산물이 풍부하며, 내륙지역은 다양한 채소와 가축 그리고 민물생선이 생산된다. 오랜 역사를 자랑하듯 일찍이 춘추 전국시대부터 요리가 발달하였고, 중국 최초의 요리서적인 『제민요술』에는 산동요리가 100가지 이상이나 수록되어 있다.

산동요리는 '노채(魯菜)'라고도 하며, 제남(濟南)지방 요리와 교동(膠東)반도지방 요리로 구성되어 있다. 제남지방 요리는 제남(濟南)·덕주(德州)·태안(泰安) 일대의 지방 요리를 말하고,

교동지방 요리는 청도(青島)·연대(煙臺)·복산(福山)지방의 요리를 말한다.

산동요리는 고온 단시간에서 조리하는 폭(爆), 소(燒), 초(炒), 작(炸) 등의 조리법이 발달하였고, 교동지방 요리의 경우 해안을 끼고 있어 발달한 해물요리는 여러 가지 재료를 섞는 것보다는 주재료 위주의 본연의 맛을 중요시 여긴다.

대표적인 요리는 '총소해삼(蔥燒海蔘)', '복산소계(福山燒鷄)', '청탕연와(淸湯嚥窩)', '구전대장(九轉大腸)', '해황해삼(蟹黃海蔘)', '유폭쌍취(油爆双脆)', '장즙황어(醬汁黃魚)' 등이 있다.

2) 사천요리(四川菜, 川菜)

양자강 상류지역으로 서쪽으로는 티베트 고원이 있으며 사방이 산으로 둘러싸여 있는 분지 형태이다. 여름에는 고온다습하며, 겨울은 기온이 낮지 않지만 습도가 높아 싸늘함을 느끼는 기후의 특징이 있다. 지역의 특성상 외지인이 들어오기도 쉽지 않았고, 한 번 들어온 사람들은 도시를 가로지르는 강으로 인해 비옥한 토지에서 생산되는 농산물이 풍부함에 매료된다고 했다. 그래서 사천지방을 '천부지국(天府之國)'이라고도 부른다.

실제로 중국인들은 사천지방을 '휴식의 도시'라고 인식하고 있고, 특히 사천사람들은 차를 마시고, 음식을 먹고, 마작을 하는 것을 무척 즐긴다. 이러한 지역적인 특징, 기후적인 특징, 그리고 문화적인 영향을 바탕으로 하여 사천요리가 발달하였다. 특히 덥고 습한 날씨로 인해 다양한 향신료가 생산되고 있다.

흔히 우리는 사천요리는 무조건 맵다고 생각하는데, 매운맛은 호남요리가 더하다. 사천요리의 맛을 한 단어로 정확히 표현한다면 '마랄(麻辣)'이라는 표현이 더 어울린다. 단순히 매운맛뿐만 아니라 화조(花椒)의 얼얼함이 함께 표현되어야 한다.

사천요리[四川菜, si chuan cai]는 '천채(川菜, chuan cai)'라고도 부른다. 고추, 산초, 후추, 술지게미, 두반장을 많이 사용한다. 조리법은 '일과성채(一鍋成菜)'라 하여 팬 하나에 요리를 완성하는 것을 강조하였으며, 최근 위생적인 것을 강조하면서 변하고 있는 추세이다.

사천요리가 흔히 매운맛으로 대표되기도 하지만, 그와 상반되게 육수를 끓이는 방법을 매우 중요시 여긴다. 그 예로 "경극배우에게는 노래가 생명이고, 조리사들에게는 육수가 생명"이라는 말이 있을 정도로 육수 끓이는 법을 매우 중요하게 여긴다. 그 대표적인 요리가 '개수백채(开水白菜)'라는 요리이다. 이 요리는 최고급 육수인 상탕(上湯)에 배추를 넣고 중탕으로 찌는 것이다.

이와 같이 요리 하나하나에 각각의 맛을 강조하고, 각각의 조리법을 중요시 여긴다(一菜一格, 百菜百味: 요리 하나에 하나의 격식, 백가지 요리에 백가지 맛이 있어야 한다). 그 외에도 우리가 익숙히 알고 있는 많은 요리들이 있을 정도로 사천요리는 세계적으로도 유명하다. '간편우육사(干煸牛肉絲)', '수자우육(水者牛肉)', '궁보계정(宮保鷄丁)', '마파두부(麻婆豆腐)', '산채어(酸菜魚)', '가상해삼(家常海蔘)', '어향육사(魚香肉絲)' 등이 있다.

3) 강소요리(江蘇菜, 淮楊菜)

중국의 강남을 연상하게 되면 쉽게 표현되고 이해할 수 있다. 양자강을 중심으로 위쪽에 위치한 강소성은 동쪽에 황해, 서쪽에 홍택(洪澤), 남쪽에 태호(太湖)와 닿아있으며, 이러한 지리적 조건과 기후로 인해 농업이 발달하여 식자재가 풍부하다. 또한 편리한 교통으로 인해 상업과 외식업이 일찍부터 발달하였다. 이 강소요리는 양자강의 아래쪽에 위치한 양주(楊州), 회음(淮陰), 회안(淮安) 일대의 요리들로 맛이 담백한 것이 특징이다. 또한 양주의 칼 다루는 기술은 최고로 칠 정도로 섬세하고 정교함이 예술의 경지에 이른다. 특히 회안과 회음의 장어요리는 유명하다.

남경을 중심으로 발달한 금릉요리는 '경소채(京蘇菜)'라고도 부른다. 그리고 냉채의 색이 아름답고 뜨거운 이 요리는 맛이 농후한 것이 특징이다. 새우요리와 생선요리가 유명하며, 북경에 '북경오리'가 있다면 남경에는 '염수압(鹽水鴨)'이 있을 정도로 오리요리의 기술이 발달하였다. '송서어(松鼠魚)', '단소맥(蛋燒麥)', '미인간(美人肝)', '봉미하(鳳尾蝦)' 등이 대표적이다.

소주와 무석(無錫)을 중심으로 발달한 소석요리는 첫맛이 달고 끝맛은 짜며 기름과 간장을 많이 사용한다. '송서계어(松鼠桂魚)', '벽라하인(碧螺蝦仁)', '계용단(鷄茸蛋)', '상숙규화계(常熟叫化鷄)' 등이 유명하다.

서주(徐州)와 연운항(蓮云港)을 중심으로 발달한 서해요리는, 신선하고 짠맛이 주를 이루며

순박하고 실용성을 중시한다. 대표적인 강소요리로는 '창호미(熗虎尾)', '청돈해분사자두(清炖蟹粉獅子頭)', '설화계탕(雪花鷄湯)', '계유채심(鷄油菜心)' 등이 있다.

4) 광동요리(廣東菜, 粤菜)

광동요리[廣東菜]는 '월채(粤菜)'라고도 하며 광주(廣州), 조주(潮州), 동강(東江)의 세 지역으로 나뉜다. 그리고 홍콩과 마카오도 광동요리에 포함된다.

광주는 지리적인 특성으로 인해 해상교통의 중심지로써 해외의 여러 나라들과 무역이 발달하게 되었다. 왕조시대 때에는 정부의 관료가 좌천되어 오는 경우가 많았고, 이로 인해 북방의 음식문화가 전해졌다. 청나라 말기에 아편전쟁으로 인하여 서양의 문명들을 받아들이기 시작했고, 이로 인해 이국적인 식문화가 융합되어 광동요리가 풍부해지는 역사적인 배경을 가지게 되었다.

"하늘에 나는 것은 비행기, 땅에 있는 것은 책상을 빼고 모두 먹는다"는 표현은, 아마 광동사람들을 가리켜 생긴 말인 듯할 정도로 세상의 먹거리가 모두 광동(廣東)에 모여 있다. 흔히 광동인들은 "食·在·廣·東, 味·在·廣·東"이라고 하여 음식에 대한 그들의 자부심을 표현하고 있다.

대표적인 요리로는 '문창계(文昌鷄)', '동강염국계(東江鹽焗鷄)', '양녕전연계(兩檸煎軟鷄)', '매채구저육(梅菜扣豬肉)', '철판전우류(鐵板煎牛柳)', '백작기위하(白灼基圍蝦)', '팔진배대압(八珍扒大鴨)', '취피고유저(脆皮烤乳猪)', '시즙가자보(豉汁茄子煲)', '호유배생채(蠔油扒生菜)', '조주백선보(潮州白鱔煲)', '청증대환어(清蒸大鯇魚)' 등이 있다.

2. 8대 요리

1) 절강요리(浙江料理)

절강요리는 항주, 소흥, 영파 세 지방의 합쳐진 요리로, 이 중에서 항주요리가 절강요리에서 대표적이다. 절강성은 동해 연안에 위치하고 있으며, 북부는 수로가 거미줄처럼 연결되어 있어 어미지향(魚米之乡: 쌀과 생선이 풍부한 지역)이 풍부한 도시이다. 연해지역에는 어장이 많이 분포하고 있어 해산물이 풍부하고, 서남부는 구릉성 지형이라 산림으로부터 얻을 수 있는

생산물이 매우 넉넉하다.

절강사람들은 풍요로운 자연 환경을 활용하여 많은 사람들의 입맛을 사로잡는 절강 대표요리를 만들어 냈다. 절강요리에서는 재료선택을 할 때에 정교함, 특별함, 신선함, 부드러움을 추구한다. 또한 재료의 가장 뛰어난 풍미를 취하여 더욱 고상하고 우아한 요리를 만들어 낸다. 요리마다 아름다운 전설이 녹아 있으며 문화적인 색채가 풍부하다는 것이 이 절강요리의 큰 특색이다.

절강요리에서는 각 지방의 특산물을 잘 활용하여 지역적 특징을 더 잘 드러낸다. 남방과 북방 조리법의 장점을 접목시켰으며, 특히 항주요리는 칼질방법이 섬세하고 조리법을 다양하게 구사하는 것이 특징이다. 폭(爆)·초(炒)·회(燴)·작(炸)을 위주로 하며, 영파요리는 소금의 짠맛과 재료의 신선한 맛을 표현하는 장점이 있다. 그리고 증(蒸)·고(烤)·돈(炖)의 조리법을 잘 활용한다. 재료 본래의 신선한 맛을 잘 표현하는 것을 으뜸으로 여긴다. 소흥요리는 지명 이름에서 기인한 소흥주와 각종 수산물과 파·생강·식초를 잘 사용하는 요리의 특색이 있다.

대표적인 절강요리로는 '건작향령(乾炸響鈴)', '규화계(叫化鷄)', '남호해분(南湖蟹粉)', '동파육(東坡肉)', '봉화요감(奉化搖蚶)', '서호초어(西湖醋魚)', '설채황어(雪菜黃魚)', '생폭선편(生爆鱔片)', '원강노순갱(元江鱸莼羹)', '용정하인(龍井蝦仁)', '청탕월계(清湯越鷄)' 등이 있다.

2) 호남요리(湖南料理, 湘菜)

호남요리는 호남성 중남부 요리, 동정호지역 요리, 호남성 서부 요리로 이루어졌다. 호남성 중남부 요리는 장사, 상담, 형양을 중심으로 하고 호남요리를 대표한다. 호남은 중남부에 위치하고 있으며, 기후는 온난다습한 지역으로 쌀과 고구마를 주식으로 많이 사용한다. 상강(湘江), 자강(資江), 원강(沅江), 풍강(澧江)의 네 강이 흐르고 있어 자연조건이 매우 우수하다. 이러한 자연적인 배경에 기인하여 호남요리를 일반적으로 '상채(湘菜)'라고 부른다.

호남요리는 풍부한 식자재를 바탕으로 고추를 사용하는 매운 요리가 대표적이다. 매운맛으로 치면 중국요리 중에 단연 최고이다. 매운 고추를 많이 사용하여 진한 매운맛을 선호하기 때문에 외(煨)와 고(熇)법을 주로 사용한다. 이외에 초(炒), 작(炸), 증(蒸), 납(臘) 등의 방법도 활용한다.

호남요리의 대표 요리는 '국화우어(菊花鱿魚)', '납미합증(臘味合蒸)', '마랄자계(麻辣子鷄)', '빙당상연(氷糖湘蓮)', '상서산육(湘西酸肉)', '안동자계(安東子鷄)', '유랄동순첨(油辣冬笋尖)', '장즙주자(醬汁肘子)', '하엽연증어(荷葉軟蒸魚)', '홍소전구(紅燒全狗)' 등이 있다.

3) 복건요리(福建料理, 閩菜)

복건성은 중국의 동남부에 위치하고 있으며, 동쪽 해안선의 길이가 중국 전체 해안선의 20%를 차지하고 있으며, 서북쪽은 산지이다. 연평균 기온은 17~22℃로 따뜻하고 온화한 아열대 기후이다. 이러한 자연조건을 바탕으로 각종 아열대 과일과 임산물·해산물이 풍부하여 훌륭한 요리 재료를 제공해 주고 있다. 복건요리는 복주, 민남, 민서의 세 가지 특색 있는 풍미로 구성되어 있으며, 이 중 복주요리가 대표적이다.

복건요리의 특징은 특히 해산물을 이용하는 요리에 강하다는 것이다. 자극적인 맛보다는 해산물의 고유한 향을 유지하면서 여러 가지 재료들을 혼합하여 새로운 맛을 만들어 내는 조미방법을 매우 중요시 여긴다. 그 대표적인 것이 국내에 잘 알려진 불도장이다. 불도장은 국물이 있는 탕이라기보다는 육·해·공에서 나는 귀한 재료들을 혼합하여 자기에 넣고 뭉근히 고와 낸 요리이다. 불도장에서 보듯 복건요리는 엄격한 재료의 선정, 섬세한 불조절과 조화로운 맛을 중시한다.

조리법으로는 류(熘), 폭(爆), 작(炸), 민(燜), 탄(汆), 국(焗), 초(炒), 폭(爆), 외(煨) 등을 많이 사용한다. 불도장 외에 대표적인 요리로는 '백초선죽정(白炒鮮竹蟶)', '생초황라편(生炒黃螺片)', '소조계정(小糟鷄丁)', '소편조압(燒片糟鴨)', '태극명하(太極明蝦)' 등이 대표 요리로 손꼽힌다.

4) 안휘요리(安徽料理)

안휘는 절강성의 서북부 쪽에 위치하고 있으며 구릉과 산, 평원으로 이루어져 있다. 좋은 기

후 환경과 풍부한 수력 자원은 이 지역의 농업을 발달시켰고, 질 좋은 식자재의 생산으로 이어졌으며, 안휘요리가 발전할 수 있는 초석이 되었다.

안휘요리는 환남(皖南), 연강(沿江), 연회(沿淮) 지역으로 나뉘어 발달되었다. 환남요리는 소(燒), 돈(炖)의 조리방식을 사용하며, 음식은 기름지고 소박하며 실용적인 요리 위주로 발달하였다. 연강요리는 강과 하천이 많이 있어 민물생선과 가금류 요리가 발달하게 되었으며, 음식의 색과 모양을 중시하고 칼질법이 섬세하다. 또한 음식을 통해 몸을 보하는 보양식을 선호한다. 연회(沿淮) 지역은 방부(蚌埠), 숙현(宿縣), 부야(阜陽) 등지를 말하며, 요리의 색과 맛은 짜고 매운맛의 중심을 이루고 있어 자극적이며, 음식의 색은 전반적으로 진하다.

이러한 대표적인 안휘요리로는 '내즙비왕어(奶汁肥王魚)', '모봉훈시어(毛峰薰鰣魚)', '부리집소계(符離集燒鷄)', '포도어(葡萄魚)', '홍소두미(紅燒頭尾)', '황산돈합(黃山炖鴿)' 등이 있다.

3. 10대 요리

1) 북경요리

북경은 화북 평원에 위치하고 있으며 태행산맥, 연산산맥이 만나는 곳에 있어 동남계절풍의 영향으로 인하여 사계절이 분명한 곳이다. 중국의 정치, 문화, 학술의 중심지이며 수도이다. 역사적으로 볼 때 전국시대에는 연(燕)나라의 수도였으며, 후에 요(遼)·금(金)·원(元)·명(明)·청(淸)나라 등을 거쳐 중화민국 초기의 수도로써 800년의 역사를 이어왔다. 한족, 만주족, 몽골족, 회족 등 다양한 민족의 문화들이 지배계층이 변함에 따라 화려한 문화의 융합을 통해 북경요리가 발달할 수 있는 근간을 이루게 되었다.

북경의 정식 명칭은 북경직할시(北京直轄市)이며, 약칭하여 '징[京]'이라고도 부른다. 그리고 북경요리를 '경채(京菜-징차이)'라고 부른다. 특히, 궁중요리, 관부요리, 사찰요리가 있으며,

근대 중국이 들어서면서 서민요리가 발달하게 되었다. 궁중요리는 황실요리의 명맥을 유지하고, 화려함과 정교함을 추구함에 따라 요리기술이 발달하게 되었으며, 식자재의 엄격한 선택 기준이 특징이다.

이러한 북경요리는 명·청시대의 왕족, 부호, 고관대작들의 연회에 기초하여 탄생된 요리이다. 특히 특권 정치세력들에게 걸맞는 예의와 격식을 갖춘 것이 특징이다.

이후 근대 중국이 탄생되면서 발달하게 된 일반서민들의 일상생활과 향토색이 짙은 서민요리가 발달하게 되었다. 그 대표적인 요리들이 경장육사(京醬肉絲), 지삼선(地三鮮) 같은 요리이다.

대표적인 북경요리로는 '북경고압(北京烤鴨)', '쇄양육(涮羊肉)', '고육(烤肉)', '발사산약(拔絲山藥)', '단자육(壇子肉)', '초마두부(炒麻豆腐)', '황민어시(黃燜魚翅)', '폭두인(爆肚仁)', '전폭(全爆)', '국화과자(菊花鍋子)', '개말돈(芥末墩)', '수구건패(繡球乾貝)', '하포이척(荷包里脊)', '고유저(烤乳猪)', '수정주자(水晶肘子)', '나한두(羅漢肚)', '나복사탄즉어(蘿卜絲汆鯽魚)', '수어(酥魚)' 등이 있다.

그 외에 유명한 북경의 요리는 다음과 같다.

북경오리의 기원은 명나라가 남경을 첫 수도로 정했을 때 남경에서 이미 대중화된 오리요리를 구이로 개발하였고, 오리를 일컫는 한자 '鴨'은 새[鳥] 중의 으뜸[甲]이라는 의미를 내포하고 있다. 부화한 오리를 50일 후 어둡고 좁은 곳에 강제로 집어넣어 반 달 후에 2배 크기로 키우는 방식이다.

북경오리는 남경오리를 북경의 왕실용 오리농장에서 개량한 것으로, 하얀 털에 눈은 검고 부리와 발은 오렌지색을 띤다. 운동을 시키지 않고 하루 2~4회씩 환약처럼 만든 사료를 목구멍에 가득 차도록 먹여 강제로 살을 찌운다. 이 오리는 살집이 많고 고기가 부드러운 것이 특징이다. 요리방법은 깃털과 내장을 제거한 후 물갈퀴를 떼어 내어 겉에 엿을 발라 나흘간 그늘에 말린 후 몸속에 공기를 불어넣어 보기 좋게 부풀린다. 그 후 대추나무와 배나무 장작불 위에 매달아 놓고 맥아당 양념을 발라가며 오랜 시간 굽는다. 구운 오리를 껍질은 얇게 썰어내고 이 껍질을 빠오빙이라는 밀전병에 티엔미엔지앙(밀가루와 소금으로 발효시켜 만든 중국식 된장)이라는 양념장과 생파, 생오이 썬 것을 함께 싸서 먹는다. 이것이 가장 유명한 북경 오리요리이다.

- 이츠카오야(一吃烤鴨): 껍질만 먹는 것
- 얼츠(二吃): 고기를 가늘게 썰어 볶은 것을 먹는 것
- 싼츠(三吃): 뼈를 곤 국물을 먹는 것
- 쓰츠(四吃): 내장 볶음이 나오는 것
- 우츠(无吃): 오리 알 찜이 나오는 것
- 취엔야시(权鴨席): 각 부분을 전부 사용한 경우(이때는 혀와 발의 물갈퀴 부분도 나오는 것이 특징)

'수안양러우(涮羊肉)'는 예로부터 북경이 양고기를 즐기는 북방민족들의 침입과 지배를 많이 받고, 돼지고기를 먹지 않는 회교도들이 짐승의 도살과 공급에 주로 종사하면서 독특한 양고기 문화가 발달하였다. 이러한 수안양러우(涮羊肉)는 "양고기를 데쳐서 먹는다"는 뜻으로, 우리나라의 샤브샤브 정도로 이해하면 좋을 듯하다. 여기에 쓰이는 양고기로는 내몽고의 서구대백 양고기가 가장 으뜸으로, 종이처럼 얇게 썰어 살짝 데친 것을 간장, 새우소스, 참기름, 사오싱지우, 고추기름, 식초 등의 소스에 찍어 먹는다. 고기를 얇게 써는 것이 기술이며, 양고기가 잿빛으로 변할 시점에 재빨리 꺼내어 국물을 후어꿔(火鍋)에 잘 털고 먹는 것이 요령이다. 국물이 소스에 너무 많이 섞이게 되면 제맛을 잃으므로 유의해야 한다.

'후어꿔(火鍋)'는 우리가 사용하는 신선로와 같은 방식이며, 예전에는 목탄을 썼으나 요즘은 가스나 고체알코올을 쓰기도 한다. 북경의 인민대회당에서 사용하는 후어꿔는 겉을 은으로 도금하고, 표면에는 중국 고대 그릇에 있는 도안을 넣어 매우 옛스럽고 아름답다. 일명 양불고기로 데쳐 먹지 않고 꼬치방식으로 먹는 것을 지칭한다. 중국어로는 카오양러우(烤羊肉)라 불려지며, 이는 본래 북쪽 유목민족의 전통음식이다. 신선한 양고기 중 좋은 부분의 것을 생으로 먹기도 하는데, 느끼하지 않고 비린내가 느껴지지 않으며 부드럽고 깨끗한 맛을 내는 것이 특징이다.

'꿰이훼이지(貴妃鷄-양귀비 닭)'의 기원은 19세기 말 북경의 한 음식점에서 양귀비의 술취한 이야기(양귀비가 현종을 기다리며 준비한 술상에서, 현종이 나타나지 않자 한잔 두잔 홀로 마시다 먼저 취했다는 이야기)와 관련하여 개발해 낸 음식으로 꿰이훼이지(貴妃鷄)라 불린다. 닭을 기름에 볶다가 술, 간장, 육수 등을 붓고 졸이듯 끓여낸 것으로 색깔이 황금색으로 고와 눈길을 끌며 향도 매우 뛰어나다.

'싼뿌잔(三不粘)'은 부드러운 떡과 같은 음식으로 원래는 청나라 궁중요리의 하나이다. 먹을 때 담아낸 그릇, 젓가락, 치아의 세 가지 중 어느 하나에도 들어붙지 않는 성질을 가지고 있어서 '들러붙지 않는 떡'이라는 뜻의 싼뿌잔이란 이름을 얻었다. 재료는 달걀노른자, 흰설탕, 녹말가루, 돼지기름에 불과하지만, 만드는데 고도의 노하우가 필요한 음식이다.

'징장러우쓰(京醬肉絲)'는 돼지고기를 자장에 볶은 요리로, 두부피로 쌈을 싸서 먹는 북경의 대표적인 서민음식이다.

'총빠오양러우(蔥爆羊肉)'는 양고기가 입에 맞지 않아도 누구나 먹을 수 있는 양고기 볶음 음식이다.

'자훠소우주엔(炸佛手卷)'은 선녀가 두 손을 펼쳐 불수감나무를 만들어 젊은 나무꾼의 병을 고쳐주었다는 전설에서 아이디어를 얻은 음식이다. 맛을 찾는 미식가들 사이에서는 빼놓을 수 없는 음식으로 명성이 나있다.

'빠이주러우(白煮肉)'는 청나라 왕실에서 혼례식 때 참석한 손님들에게 내놓던 돼지고기 수육 형태의 음식이다.

2) 상해요리

전국시대 초(楚)나라 춘신군(春申君)의 봉읍이었으며, 송(宋)나라 때 진(鎭)을 설치하여 '상하이(上海)'라고 부르기 시작하였다. 1927년 시(市)가 설치되었고, 현재는 중국의 약칭으로 '후[沪]' 또는 '선[申]'이라고도 부른다.

상해는 중국의 중부지역 장강이 바다를 만나는 곳에 위치해 있다. 남북 항로의 중요한 거점도시이며 중국의 4대 직할시 가운데 하나로 중요한 공업기지이며, 항구와 무역, 과학기술, 정보, 금융의 중심지이다. 국제화와 현대화가 이루어진 대도시이자 중국의 대외개방 창구이며, 이러한 도시의 발달 배경과 더불어 대도시로서 상해요리가 발달한 근간을 마련하게 되었다.

광동요리보다 양념이 더 진하고 기름지며 달고 매운 것이 특징인 상해요리는, 한국인들 입맛에 제일 잘 맞는다. 절인 채소들과 피클, 염장한 육류를 요리에 사용하는데, 라임과 생강을 가미한 천년 묵은 달걀이 상해요리 중 가장 잘 알려진 독창적인 요리이다. '거지의 닭'이라고 불리는 유명한 요리는 닭을 연잎에 싸서 진흙을 발라 오븐에 굽는다. 옛날에는 땅 속에 닭을 넣고 구웠다고 하는데 그 맛이 일품이다. 상해 게요리, 여덟 가지 보물이란 이름의 오리요리, 술취한 닭이란 이름의 닭요리, 장어구이와 노란생선 등도 빼놓을 수 없는 상해요리이다.

대표적인 요리로는 '조저각(糟猪脚)', '생편초두(生煸草頭)', '건소사계두(乾燒四季豆)', '구삼사(扣三絲)', '하용화상계(花茸火爽鷄)', '망유포아간(網油包鵝肝)', '양매하구(楊梅蝦球)' 등이 있다.

2 중국요리의 식자재 및 향신료

1. 식자재

고급 중국요리에 사용되는 식자재는 무수히 많이 있다. 그 중에서 일반적으로 사용되는 대표적인 식자재의 명칭과 분류를 이해하는 것은 중국요리를 배우기 위한 출발점이라 할 수 있다.

1) 제비집(燕窩, Yān wō)

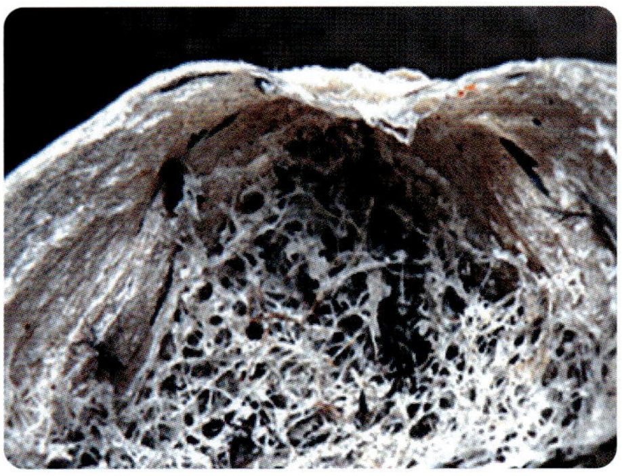

제비집은 다른 말로 '燕菜'라고도 부르기도 하는데, 주요 생산지는 중국 남부해안 지역이며 해남도, 대만 그리고 동남아시아 일대에서 생산된다. 바다와 인접해 있는 절벽에 서식하는 바다제비의 일종인 '금사연(金絲燕)'의 침샘에서 나오는 끈적한 분비물을 이용해서 작은 새집의 형태로 지은 것이다. 금사연이 첫 번째로 만들어진 흰색 제품이 최상품이며, 두 번째로 지어져 털이 섞인 것은 '모연(毛燕)'이며, 피가 섞여 있는 것은 '혈연(血燕)'이라고 한다. 제비집은 해안가 기암절벽에 붙어있는 자연 상태의 것을 채취하여 얻어지는 식재료이므로 공급이 부족한 상태이다. 제비집은 광물질이 풍부해서 한약 재료로 사용되어지고 피부 미용에 탁월한 효과가 있다. 중국요리의 대표적인 식자재로써 주로 탕(湯)과 갱(羹)의 요리로 많이 이용된다.

2) 상어지느러미(魚翅, yúchì 또는 翅子, chìzi)

상어지느러미는 '어시(魚翅)' 또는 '鯊魚翅(사어시)'라고 부르며, 여러 종류의 상어에 있는 지느러미를 말려서 사용하는 것을 일컫는다. 지느러미에 붙어 있는 살을 제거하고, 소금물에 담귀 모래를 제거한 후에 뼈를 발라내고 표백을 한 후에 건조하여 만든다. 중국의 복건성, 광동성, 요녕성, 대만 등지에서 주로 생산된다. 다양한 품종과 명칭이 있지만 색으로 구분할 때는 백시(白翅)와 청시(青翅)로 나누어지고, 부위에 따라서 도시(刀翅), 청시(青翅), 미시(尾翅)의 세 가지로 분류하며, 도시(刀翅)는 등쪽 부위, 청시(青翅)는 가슴과 배 부위, 미시(尾翅)는 꼬리지느러미를 일컫는다. 품질은 도시(刀翅), 청시(青翅) 순으로 좋으며, 그 중 미시(尾翅)가 품질이 가장 낮다. 상어지느러미의 품질은 건조 상태가 좋고 윤이 나는 백색을 띠며 길이가 긴 것이 최상품으로 친다.

3) 해삼(海蔘, hǎi shēn)

예로부터 해삼은 "虽生于海, 基性温補"라고 하였다. 그 뜻은 "비록 바다에서 서식하지만, 그 성질은 따뜻하고 기력을 보충하는 효능이 있다"라는 의미로, 바다의 인삼, 즉 '해삼'이라 불리게 되었다. 중국요리의 고급 식자재이며 바다의 팔진 중에 하나이다. 중국에서 생산되는 해삼의 품종은 60여 종이 있는데, 그 중에 식용으로 사용되어지는 것은 20종류이다. '바다의 인삼'이라 불린다.

해삼은 크게 '자삼(刺參)'과 '광삼(光參)' 두 종류로 나누어진다. 자삼(刺參)은 회자삼(灰刺參), 매화삼(梅花參), 황옥삼(黃玉參)으로 그 중 회자삼(灰刺參)의 품종이 가장 좋다. 광삼(光參)은 흑유삼(黑乳參), 과삼(瓜參), 화삼(靴參), 가삼(茄參)과 극삼(克參)이 있다. 그 중 회자삼(灰刺參)이 최상품이다. 해삼은 단백질과 무기질이 풍부하고 요리할 때 육수와 생강, 대파, 소흥주를 첨가하며 그 풍미를 향상시킬 수 있다. 특히 건해삼은 불려서 사용해야 하는데, 깨끗한 물로 삶아서 식히고 물을 흘려보내는 과정을 여러 번 반복하여 사용해야 한다. 특히 해삼을 불릴 때 너무 오래 삶거나 기름 같은 이물질이 들어가는 것은 절대 금해야 한다. 해삼의 고유한 식감을 저해시키는 요인이 된다.

4) 전복(鮑魚, bào yú)

전복은 '구공포(九孔鮑)' 또는 '복어(鰒魚)'라고 불린다. 식용품종으로는 잡색포(雜色鮑), 반대포(盤大鮑), 이포(耳鮑) 그리고 반문포(半紋鮑) 등이 있다. 전복 역시 해삼과 함께 바다의 팔진 중에 하나로 중국 해안 일대와 대만 일대에서 많이 생산된다. 영양이 풍부하고 고단백질 식품으로 맑게 찌는 찜요리와 볶음요리에 주로 사용된다. 말린 전복의 경우 요리하기 전에 물에 불려서 사용해야 한다.

5) 해파리(海蜇皮, hǎi zhé pí)

해파리는 수모(水母), 해타(海鮀) 등으로 불린다. 몸은 한천질로 되어 있으며 바다에서 서식하는 것이 대부분이지만, 민물과 바닷물이 교차하는 강어귀에 예외적인 종류들이 있다. 식용으로 사용하는 해파리는 명반과 소금으로 압착하여 수분을 없애고 깨끗하게 씻은 뒤 다시 소금에 절인다. 조리하기 전에 소금기를 깨끗이 씻어 내고 끓는 물에 살짝 삶아 흐르는 물에 충분히 담가 불린 후 냉채요리에 주로 사용되며, 종류에 따라 볶음요리에 사용되기도 한다.

6) 새우(蝦, xiā)

새우는 전 세계 약 2,500여 종이 있으며 바다, 호수, 기수에 서식하는데, 국내에서는 주로 바다새우를 사용한다. 바다새우는 연안을 비롯하여 대륙붕 강어귀에 무리지어 서식하기도 한다.

새우는 키토산, 칼슘, 타우린 등의 성분을 많이 함유하고 있어 성장기 어린이들에게 특히 좋다. '대하(大蝦)'는 대하(對蝦) 또는 명하(明蝦)라고 불리기도 하며, 그 품종은 약 50 종류 이상이 되는데, 크기가 20cm 이상의 것으로 분류한다. '중하(中蝦)'는 백하라고 부르며 크기는 약 10cm 정도이다. '소하(小蝦)'는 10cm 이하의 크기를 의미하며, 주로 튀김요리 찜요리, 볶음요리 등 모든 조리법에 의해 다양한 형태로 만들어진다는 장점이 있다.

7) 관자(鮮貝, xiān bèi)

연체동물의 일종으로 '가리비' 또는 '패주'라고 불린다. 우리가 흔히 부르는 '깐베이'라는 것은 건패(乾貝), 즉 말린 제품을 의미하며 그 발음이 '깐베이(gānbái)'이다. 말린 제품 이외에도 형태와 품종에 따라서 다양한 이름들이 있다. 깐베이는 요리하기 전에 물에 불리거나 소흥주에 넣고 쪄서 사용하며 마른 제품을 그대로 갈아서 다양한 양념장을 만드는데 사용하기도 한다. 중국 북방지역 해안에서 주로 어획 활동이 이루어지고 있으며, 산동반도 일대의 품종들을 으뜸으로 여긴다. 현재는 인공 양식재배가 가능하여 다양한 품종들이 생산되며, 영양이 풍부하고 단백질 함량이 높다. 관자의 색이 백색을 띠고, 육질은 부드럽고 신선한 것을 으뜸으로 여긴다. 볶음요리와 냉채요리 등 다양한 조리법으로 요리할 수 있다.

8) 자라(甲魚, jiǎ yú)

중국에서는 3,000년 전 주(周)나라 때 자라를 왕실에서 먹었던 기록이 있으며, 그 후로 자양강장, 불로장생의 건강식으로 취급되었다. 중국의 『본초서』에는 한약재로 자라가 설명되어 있다. 또한 중국의 현대 서적인 『중약대사전(中藥大辭典)』에는 자라를 등딱지, 머리, 살코기, 피, 알, 쓸개, 기름 등으로 나누어 그 효능을 소개하였다. 그 내용을 보면, 자라의 살코기는 양기를 성하게 하고 음기의 부족을 보하며, 피는 안면 신경마비를 다스리며 결핵이나 산후의 발열을 진정시키고, 알을 소금에 절여 쪄서 먹으면 허약을 보하는 효과가 있다고 적혀 있다. 특히 자라는 중국 광동요리에 주로 등장하는 식재료로 불포화지방산인 리놀산을 많이 함유하고 있어 보양요리에 주로 사용된다. 자라는 등껍질과 발톱을 제외하고 모두 먹을 수 있다. 주로 탕요리에 사용되어지며 살만 따로 발라 농축시켜 젤리 형태로 만들어 볶음요리로 사용되기도 한다. 특히 자라의 피는 다른 동물의 피와 마찬가지로 단백질, 칼슘, 철, 비타민 등을 많이 함유하고 있어 고량주와 함께 섞어 마시기도 한다.

9) 장어(鰻魚, mán yú)

장어는 세계적으로 17종이 있으며, 오래전부터 설사를 낫게 한다고 하여 죽요리에 사용되면서 약용식품으로 자리잡게 되었고 자양강장 식품으로 인식되어 왔다.

땀을 많이 흘려 몸이 허할 때 원기회복 차원에서 구이나 볶음요리로 사용되었고, 중국 사천지방에서는 기름지며 단백질과 비타민A 함량이 높은 장어는 건편선어(干煸鱔魚)가 가장 대표적인 보양 강장식으로 많이 사용된다.

2. 향신료

'약식동원'이라 하여 일찍이 음식에 약재와 향신료 사용을 생활화하였다. 일반적으로 사용되는 향신료를 익혀본다.

1) 대료, 팔각(大料, dàliào, 八角, bājiǎo)

'팔각회향(八角茴香)', '대회향(大茴香)', '대료(大料)'라고 부른다. 회향나무의 열매이며 열매가 익기 전에 수확하여 건조 후에 사용한다. 중국에서는 중요한 경제작물 중 하나이다. 중국 주요산지는 광서자치구, 광동성 그리고 운남성 일대에서 생산한다. 팔각 형태의 오각별 모양을 가지고 있어 붙여진 이름이며, 그 향기 또한 진하게 나는 특징이 있다. 색은 자홍색을 띠고 알이 크며, 기름을 많이 함유하고 있는 것이 최상품이다. 중국요리에 많이 쓰이는 대표적인 향신료로, 고기를 삶거나 조림을 할 때 사용하며 향을 내고 잡냄새를 제거하는 역할을 한다. 성질은 맵고 달며 따뜻하여 찬 성질을 다스리는 데 사용한다. 고기를 재워두었다가 만드는 요리에 주로 사용된다.

2) 계피(桂皮, guìpí)

계피는 계수나무의 얇은 나무껍질이다. 줄기 및 가지의 나무껍질을 벗기고 코르크층을 제거하여 말린 것이다. 중국의 주요 산지는 광서자치구와 광동성, 절강성, 호남성, 호북성, 사천 등지에서 많이 생산된다. 계피의 외피는 흑갈색을 띠며, 내피는 엷은 홍색을 띠는 것이 좋다. 맛은 단맛과 매운맛이 있으며, 코와 위를 다스리고 풍한을 없애는 탁월한 효과가 있어 약용으로 쓰기도 하고 향료로 사용하기도 한다. 독특한 향이 있어 음식의 맛과 향을 좋게 한다.

3) 정향(丁香, dīngxiāng)

'정자향(丁子香)', '지해향(支解香)'이라 불리기도 한다. 정향나무의 꽃봉오리이다. 꽃이 피기 전 꽃봉오리를 따서 말린 것이다. 원산지는 인도네시아이며 중국에서는 광동성과 광시자치구에서 재배를 하고 있다. 중의학에서는 정향과 울금은 상극이므로 같이 사용하지 않는 것이 좋다고 한다. 향기가 매우 강하므로 조리 시 사용량에 각별한 주의가 필요하며, 맛은 맵고 더운 성질을 가지고 있다. 또한 위와 신장을 따뜻하게 해주며 양기를 북돋아주는 효과가 있다. 정향을 사용하여 만들어진 대표적인 요리는 '정향용어(丁香鳙魚)', '정향계(丁香鷄)', '정향리(丁香梨)' 등이 있다.

4) 산초(花椒, huājiāo)

대초(大椒), 촉초(蜀椒), 천초(川椒)로 산초나무의 열매를 햇빛에 건조시킨 것이며, 원산지는 중국이다. 중국 전지역에 고루 분포되어 있으며 주요 산지는 감숙성, 산시성, 사천성, 하북성, 산동성, 산시성, 운남성 등이다. 얼얼함이 오래 지속되고, 향이 진하며, 알맹이가 크고 고르며, 흑홍색을 띠며, 윤기가 흐르는 것이 좋은 품질이다. 사천성의 한원(漢源) 지방의 품질이 가장 우수하다. 한때는 황실에 진상을 하기도 해서 '공초(貢椒)'라고 불리기도 했다. 매운맛을 내는 조미료이며, 특히 사천요리에 광범위하게 사용되어지고, 탕 요리에까지도 이용한다. 산초는 향신료로 사용하기도 하지만, 약용으로도 쓸 수 있고 기름으로도 짤 수 있다. 알갱이 상태와 가루상태로 빻아서 쓰거나 소금과 같이 볶아서 산초소금[椒鹽]을 만들어 찍어 먹는 양념장으로도 사용한다. 껍질의 색은 붉은색, 검은색, 황백색 등이 있다.

5) 소회향(小茴香, xiǎo huí xiāng)

'회향(茴香)', '곡향(谷香)', '소향(小香)'이라 부르기도 한다. 회향식물의 과실이며 건조 후에 사용된다. 원산지는 중국 중해지역이며 중국 전역에서 보편적으로 재배가 이루어진다. 주산지는 내몽고, 산서성, 감숙성, 섬서성 등지가 대표적이다. 알맹이가 꽉 차있고, 색은 황록색을 띠고, 입자가 균일하며 향이 진한 것이 최상품이다. 고기를 삶는 요리에 주로 사용되며 향이 강하여 음식에 향을 더하거나 불쾌한 맛을 없애주는 향신료이다. 주로 소고기, 돼지고기, 양고기 등 오래 끓이는 요리에 사용된다. 소회향의 성질은 맵고, 따뜻하며 몸에 냉기를 제거하고 위를 보호하는 효능을 가지고 있다.

6) 고수(香菜, xiāngcài)

고수는 전 세계적으로 폭넓게 사용되는 향신료이며, 특히 중국과 동남아 일대, 태국, 인도,

유럽에서 육류의 잡냄새와 저장을 위해 사용되는 효과적인 향신채로 중국요리에 많다. 독특한 비린 냄새 때문에 싫어하는 사람이 많지만, 조리하거나 다른 향료와 배합하면 그 향미를 즐길 수 있다.

고수는 모든 부분이 식용 가능하여 주로 잎과 줄기를 사용하지만, 고수의 말린 씨는 특유의 향과 감귤 맛을 지니고 있어 닭고기, 오리고기 그리고 채소 요리에 사용된다. 고수잎은 곱게 다져 냉채요리에 소스로 사용하면 특유의 향을 없애고 부드러운 향을 느낄 수 있다. 고수는 입맛을 돋우고 소화를 촉진하여 위를 보호하는 데 도움이 된다.

3. 조미료

중국요리의 맛을 이루는 기본적인 조미료 이외에, 일반적으로 사용되어 요리의 특징을 살려주는 조미료에 대해 살펴보면, 국내에도 대중화되어 있는 굴을 발효하여 만든 굴소스를 비롯하여 콩과 고추를 발효하여 만든 두반장, 노추, 첨면장, 두시장, 해선장 등이 있다.

1) 굴소스(蚝油, háo yóu)

굴소스는 '모려장유(牡蠣醬油)'라고 불리기도 한다. '모려(牡蠣)'는 굴을 칭하는 또 하나의 중국어로, 굴로 만든 일종의 간장이라고 표현해 붙여진 이름이다. 굴과 조개류 등을 소금에 절여 발효시킨 액에 조미하여 만든 소스이다. 중국에서 남방지역의 해안지역에서 주로 생산하며, 광동지역의 제품들을 최고급으로 여긴다. 굴소스의 색은 진한 홍갈색을 띠고 영양이 풍부하며 신선함이 중요하다. 볶음, 조림, 구이, 냉채 등을 만들 때 자주 사용한다. 최근에는 여러 식품회사에서 다양한 상표를 만들어 출시하고 있다.

2) 두반장(豆瓣醬, dòu bàn jiàng)

두반장은 '두반(豆瓣)'이라고도 부르며, 사천지방의 비현두반장(郫峴豆瓣醬)이 특산품이지만, 매운 맛을 선호하지 않는 각 지역적 식습관에 맞게 다양한 형태로 이루어져 있다. 대두와 고추를 발효하여 만든 소스인데, 특히 잠두콩을 주원료로 하여 만든 전통적인 것으로, 발효된 장에 고추나 향신료를 넣어 특유의 매운맛과 향기가 있다. 두반장의 산지와 사용 지역은 사천 지역을 포함한 남방 일대이지만, 중국인들이 즐겨 애용하는 전통적인 조미료이다. 중국요리의 무침, 볶음, 조림 등에 골고루 사용된다.

3) 노추(老抽, lǎo chōu)

노추는 색이 진한 간장을 말하는데, '노두추(老頭抽)'라고 한다. 광동 일대에서 쓰이며, 맛은 약간 달고 짠맛이 덜하다.

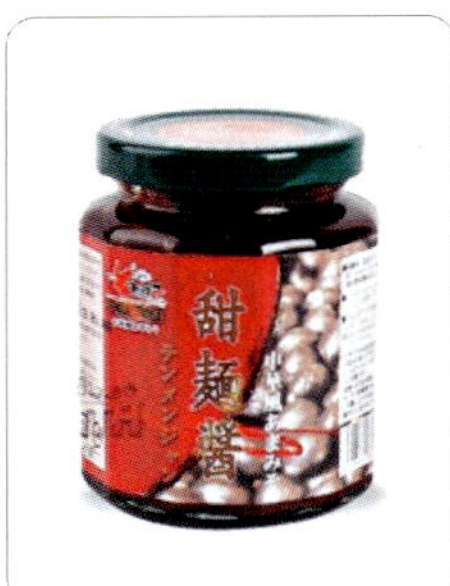

4) 첨면장(甛麵醬, tián miàn jiàng)

첨면장은 '첨장(甛醬)', '금장(金醬)'이라고 부르며, 중국의 전 지역에서 고루 생산되고 밀가루를 주원료로 하여 소금과 물을 넣고 숙성을 시킨 뒤에 항아리에 넣고 발효를 시켜 사용한다. 완성이 되면 황록색이나 짙은 홍갈색을 띠고, 순하고 부드러운 단맛을 내는 것이 특징이다. 고기를 조리거나 볶을 때 주로 사용하며, 대파와 양파 같은 것을 찍어 먹을 때 사용하기도 한다.

5) 두시장(豆豉醬, dòu chǐ jiàng)

두시는 '시(豉)', '강백(康伯)', '납두(納豆)'라고도 부른다. 황두와 흑두를 삶아서 찐 뒤에 발효시킨 것으로, 중국에는 1,400년 전부터 두시의 제조법이 민간에 보급되었고, 서민들이 즐기는 식품으로 자리 잡았다. 두시는 사용되는 재료와 풍미가 다양하지만 '건두시(乾豆豉)', '강두시(姜豆豉)', '수두시(水豆豉)' 세 종류로 분류할 수 있다. 건두시(乾豆豉) 제조법은 검은 대두와 황대두를 원료로 하여 물에 불려 푹 찐 후 소금, 술과 술지게미를 넣고 발효가 되면 한 번 섞어서 항아리에 넣고 입구를 봉하여 햇볕에 7일간 말려준다. 다시 살짝 말린 후 섞어 항아리에 담아 봉하는 등의 과정을 7번 거친 두시는 향이 나며 독특하고 신선한 짠맛이 난다. 음식 특유의 신선한 맛을 증가시키고 나쁜 맛은 감춰주는 역할을 한다. 사천성도의 태화두시(太化豆豉)와 중경의 동천두시(潼川豆豉), 영천두시(永川豆豉)

의 품질이 가장 우수하다. 강두시(姜豆豉), 수두시(水豆豉) 모두 황두를 사용하는데, 강두시(姜豆豉)는 황두를 충분히 삶은 다음 천연발효를 시킨 뒤에 소금과 술, 랄초장(辣椒醬), 향료와 늙은 생강(老姜)을 넣어 완성한다. 수두시(水豆豉)는 물을 넣고 한 번 더 삶아서 완성한다. 강두시(姜豆豉), 수두시(水豆豉)는 집에서 충분히 만들 수 있어 가정요리에 주로 사용된다.

6) 해선장(海鮮醬, hǎi xiān jiàng)

해선장(海鮮醬)은 중국요리에 사용되는 조미료이며, 전통적으로는 고구마를 이용하여 해선장을 만들었다. 그러나 오늘날에는 물, 설탕, 대두, 식초, 쌀, 소금, 밀가루, 마늘, 고추, 그리고 약간의 식용색소를 이용하여 만든다. 주로 볶음이나 조림에 많이 사용되는데, 신선하면서도 붉은빛을 보인다. 짠맛과 단맛이 주로 나며, 특유의 고소하면서도 독특한 향을 내기 때문에 구이용 소스, 딥 소스를 비롯하여 재움 요리에 향을 더하거나 국물에 간을 맞출 때 사용한다.

3 중국요리의 조리방법 및 상차림

1. 중국요리의 조리방법

중국요리의 맛을 결정하는 데는 불을 어떻게 다루느냐에 따라서 결정된다고 하는 것에 대해서 부정할 사람은 없을 것이다. 이처럼 가장 어려운 기술 중에 하나가 바로 불 다루기(火候, huǒhou)인데, 이 기술이 불의 세기나 성질에 따라 중화, 소화, 미화, 문화, 충화, 왕화, 맹화, 만화 등 그 표현이 다양하다.

1) 炒(볶을 초, chǎo)

중국요리 중에 가장 일반적이며 널리 사용되는 조리법으로, 재료를 코팅된 팬에 알맞은 크기와 모양으로 잘라서 넣고, 열을 가하여 팬을 흔들어 재료를 익히는 조리방법이다. 볶음 조리법을 세분화하면 생초, 열초, 소초, 연초 등의 방법이 있다.

2) 滑(미그러뜨릴 화, huá)

중국요리를 할 때 재료의 전처리 과정 중 가장 많이 사용하는 조리법으로, 식재료를 사(絲), 편(片) 등으로 썰어 뜨거운 기름이나 끓는 물에 익혀내는 조리법이다. 재료의 색을 맑고 희게 유지하고 질감을 부드럽게 하기 위해 주로 사용하는 조리법으로 닭고기, 돼지고기 및 생선요리에 주로 사용된다. 화(滑)는 기름을 사용하는 유화(油滑)와 물을 사용하는 수화(水滑)로 나눌 수 있는데, 유화는 적은 양의 기름과 낮은 온도에서 재료를 익혀야 하고, 수화는 강한 불에서 물이 끓을 때 많은 양의 물이 필요하다. 재료에 녹말과 계란을 입혀 팬에 조심스럽게 넣고 젓가락이나 국자를 사용하여 천천히 저어가면서 물이 다시 끓으면 재빨리 건져 낸다. 탕(湯) 요리를 할 때 주로 사용되며, 대표적인 요리로는 '산채계사탕', '산채육사탕' 등이 있다.

3) 爆(터질 폭, bào, bó(bào))

일반적으로 화도(花刀-꽃잎 모양으로 칼질하는 방법)로 썰어 덩어리[塊]진 재료를 뜨거운 기름에 한 번 전처리 하는 조리법으로 주로 돼지 간, 돼지 허파, 오리와 닭의 근위, 염통 같은 재료를 요리할 때 주로 쓰는 방법인데, 재료를 뜨거운 기름에 넣고 재빨리 익히는 조리방법이다. '화폭두두', '려지요괴', '화폭쌍취', '궁보간화' 등의 요리가 있다.

4) 煎(지질 전, jiān)

완자나 병(餠)의 형태로 손질된 재료를 기름을 두른 팬에 재료의 한 면 또는 양 면을 지져서 익히는 조리방법으로, 전법(煎法)은 직접적으로 요리를 완성할 수 있는 조리법이다. 예를 들어, '전두아병', '전단' 등의 요리가 있다. 전법을 사용하여 완성된 요리는 겉은 바삭하며 속은 부드러운 것이 특징이다.

5) 炸(튀길 작, zhà)

괴(塊)나 조(條)의 형태로 손질된 식재료를 높은 온도의 기름에 넣어 튀기는 조리 방법이다. 튀김조리법은 단독으로 요리를 완성할 수 있는 조리법이며, 다른 조리법과 함께 사용할 수 있어 그 범위가 굉장히 넓고 요리시간이 짧아 경제적인 측면까지 있다. 튀김법으로는 청작, 연작, 소작, 침작, 유림 등의 방법이 있다.

6) 熘(볶을 류, liū)

식재료를 편(片), 채(絲), 괴(塊) 등으로 잘게 썰어 유화(油滑), 작(炸), 찜(蒸) 등의 전처리 과정을 거쳐 팬에 넣고 녹말을 넣어 소스의 농도를 맞추는 방식의 조리법이다. 요리의 질감에 따라서 선류(鮮熘)와 작류(炸熘) 두 종류로 나누어진다.

선류(鮮熘)는 '화류'라고도 한다. 소고기, 돼지고기 같은 육류를 요리할 때 육질을 부드럽게 식감을 살릴 수 있는 조리법이다. 재료에 녹말과 계란을 묻혀 비교적 많은 양의 기름을 넣고 중간 정도의 불을 사용하여 기름 온도가 70~80도가 되면 재료를 넣고 젓가락으로 서서히 저어 기름을 덜어 낸 뒤에 다른 부재료를 넣고 요리를 완성한다. 이런 전처리의 조리법을 사용하면 재료의 부드러움을 한층 더 증가시킬 수 있다. 대표적인 요리로는 '류계사', '향화어사', '포육편', '비취하인', '선류어편' 등이 있다.

작류(炸熘)는 생선이나 닭고기, 오리고기를 요리할 때 재료에 밑간을 하고 계란과 녹말을 묻혀 강한 불로 기름을 뜨겁게 달궈 한 번에 완전히 익힐 수 있고, 이렇게 익힌 재료는 겉은 바삭하고 속은 부드러워진다. 대표적인 요리로는 '어향팔괴계', '려지어괴', '탕초취피어', '분조압자', '어향취피계' 등이 있다.

7) 涮(데칠 쇄, shuàn)

뜨거운 물이나 육수에 담가 살짝 익혀내는 조리방법이다. 북방 유목민들이 즐겨 먹는 '쇄양육'이 대표적인 요리이다.

8) 煮(삶을 자, zhǔ)

식재료 그 자체를 조리하는 것도 가능하고, 먹기 좋은 크기로 작게 썰어 끓는 물이나 육수에서 삶아내는 조리방법이다. 다양한 다른 조리법[燒, 燴, 拌]과 병행하여 요리를 완성시키는 것이 일반적이다. 닭고기, 돼지고기의 내장을 요리할 때 한 번 삶아내서 다른 조리법을 사용하여 요리하는 것을 의미한다.

9) 蒸(찔 증, zhēng)

증기를 사용하여 식재료 고유의 맛과 형태를 가장 잘 유지시킬 수 있는 찜의 조리방법이다. 식자재를 불릴 때나 반 조리된 식품을 완전히 익힐 때 수증기를 가하여 완성시키는 것이다. 찜요리의 관건은 식재료 고유의 성질과 완성요리의 요구사항에 따른 정확한 불조절과 시간에 따라서 완성도 높은 요리가 결정된다. 찜의 조리법은 간단하게 시행할 수 있지만, 깊이 들어가면 중국요리에서 난이도가 높은 조리법의 한 형태이다. 찜은 통상적으로 청증(清蒸)과 분증(紛蒸), 그리고 조증(早蒸) 등 몇 가지가 있다.

청증(清蒸)은 색상이 풍부하고 완성된 요리를 먹었을 때 그 식감은 깔끔하고 담백하여 주로 닭고기, 오리고기, 생선, 돼지고기 내장요리를 할 때 주로 사용한다. 대표적인 요리로는 '청증선어', '청증압조', '청증전계', '탕대잡회' 등이 있다.

분증(紛蒸)은 원재료를 편, 괴, 조로 썰어서 쌀가루와 함께 버물려 찜통에 넣고 찌는 방식으로, 맛이 진하고 향이 강한 것이 특징이다. 대표적인 요리로는 '소롱우육', '오향증육', '포화증육', '분증선어', '분증압조', '허예분증계', '허예분증념어' 등이 있다.

조증(早蒸)은 청증(淸蒸)에서 파생된 방법으로, 용기 안에 손질된 재료를 넣고 조미를 한 후에 찜통에 넣고 찌는 방법이다. 대표적인 요리는 '조증압', '팔보반', '팔보양리', '밀즙양오', '양고과' 등이 있다.

10) 烤(구울 고, kǎo)

복사열을 사용하여 식자재를 직접 익히는 조리 방법이다. 닭고기, 오리고기, 돼지고기 덩어리, 소고기 덩어리를 직접 사용하거나 작은 크기로 잘라서 사용할 수 있다. 일반적으로 재료에 양념이 충분히 스며들 수 있도록 염지를 하는 전처리 과정이 필요하며, 고(烤)의 조리법에서 가장 중요한 관건은 각 재료의 성질을 파악하고 정확한 불조절 능력이 있어야 한다. 완성된 요리는 색이 선명하고 예쁘며 윤기가 나고, 겉은 바삭하고 속은 부드럽다는 것이 특징이다. 굽는 가마의 크기와 형태에 따라 '과로고', '명로고', '고상고'가 있다.

11) 燒(불사를 소, shāo)

일반적으로 1차 손질한 식재료나 반 조리된 식재료를 냄비에 넣고 육수를 부어 조리를 한 다음, 처음에는 강한 불로 가열하다가 육수가 끓으면 불을 줄여 서서히 육수가 배이도록 하여 완성하는 조리법이다. 모든 식재료들이 가능한 것이 장점이며, 소(燒)의 조리를 하기 전에 재료의 특성에 따라 삶거나, 볶거나, 찜의 조리법으로 1차 조리를 한 후에 사용하는 것이 바람직하다. 소의 조리법 분류는 색에 따라서 '백소'와 '홍소'로 분류한다. 백소는 맛에 따라서 '총소'와 '장소'로 나뉘고, 가상소는 재료에서 우려내는 맛의 정도에 따라서 '생소'와 '오소'로 나뉘고, 그 외에 특수한 방법으로 '건소'가 있다.

12) 炖(삶을 돈, dùn)

일반적으로 1차로 손질한 식재료나 덩어리를 도자기 형태의 그릇에 담아 육수를 붓고 향신료를 넣어 약한 불로 서서히 익히는 조리법이다. 조리할 때는 모든 식자재의 물기를 제거하고 그릇에 담고 생강, 대파 등의 향신료와 소흥주 등을 넣고 뚜껑을 덮은 후에, 처음에는 강한 불로 가열하다가 재료의 육즙이 빠져나오면 불을 약하게 줄여준다. 요리시간이 길어 여러 가지 재료들의 맛이 함께 어우러져서 깊은 맛을 낼 수 있는 것이 장점이며 단점이다. 대표적인 요리로는 '삼균둔계', '설화둔자', '청둔주자', '당귀둔지', '청둔우미탕', '청둔녹충' 등이 있다.

2. 중국요리의 좌석 배열과 상차림

1) 중국요리의 좌석 배열

손님을 초대하여 좌석을 배치할 때는 문을 기준으로 하여 주인은 문 가까이 앉고, 초대한 손님 중 지위가 가장 높은 주빈은 문과 거리가 먼 안쪽에 앉는 것이 일반적이다. 또 다른 방법은 주빈의 가까운 곳 왼쪽 옆에 앉아서 식사를 하기도 한다.

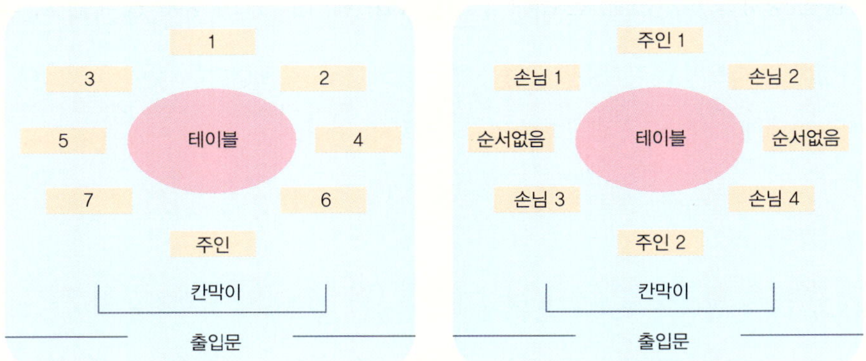

식탁 좌석의 서열

- 식탁에서의 좌석 배치는 연회의 성격 및 지역에 따라 차이가 있으므로 초대를 받은 경우에는 주인이 정해준 자리에 앉아도 무방하다.
- 테이블은 회전이 가능하며, 테이블 중앙에 각종 양념을 준비해 놓고 음식은 한 접시에 모두 담아 테이블을 돌려가며 나눠 먹는다.

2) 상차림의 구성법

중국은 다민족국가로써 중국요리는 지역마다 민족마다 다르게 정해진 상차림의 구성법이 있다. 여기에는 다섯 가지의 큰 범위 안에서의 상차림이 있다.

- 음식을 준비할 때 값비싼 상차림은 고급 식재료를 사용함으로써 양을 풍성하게 하고, 값이 싼 상차림은 식재료의 질과 양을 낮추어 준비함으로써 경제적인 부분도 고려한다. 즉 가격에 맞추어 요리를 결정해야 한다.
- 계절에 맞게 재료를 선택하여 신선한 맛을 느낄 수 있도록 해야 하는데, 계절음식에 따른 계절 재료를 선택해야 한다. 또한 조리법에도 많은 변화를 주어야 하는데 신맛, 쓴맛, 짠

맛, 단맛 등의 여러 가지 맛들을 조절해야 한다.

- 중국요리는 전채요리와 주요리를 결정한 후 기타 나머지 요리를 정한다. 손님에 따라 상차림의 내용을 결정하는데, 먼저 주빈을 위한 요리를 고려하면서 또한 다른 손님들이 선호하는 음식에도 맞추어야 한다.
- 요리에 대한 색의 조화, 맛, 조리법 등이 조화롭게 이루어져 짠맛, 단맛, 신맛, 감칠맛 등이 골고루 갖추어져야 한다. 또한 색다른 요리를 준비하여 손님들이 요리에 대해 신선감을 잃지 않도록 하여야 하는 요리의 조화도 매우 중요하다.
- 납품업체의 수요와 공급, 조리기술의 수준, 설비, 연회장의 크기, 식사시간 등이 음식 결정에 많은 영향을 미치는데, 손님의 입맛과 직업, 테이블 수, 주방과 홀의 환경, 그리고 손님이 요구하는 부분을 고려해야 한다. 즉 손님의 요구를 최대한 반영하여 결정한다.

3) 상차림과 진행순서

다민족국가인 중국은 국토가 넓기 때문에 그 지역마다 지역적인 특색이 뚜렷하다. 그러므로 음식의 구성 및 식탁에 내놓는 순서 또한 민족이나 지역적인 차이가 크다. 그러나 일반적으로 찬요리를 먼저 내놓아 식욕을 촉진시키고, 다음에 뜨거운 요리와 주된 요리를 낸 후 나머지 요리를 내놓는다. 또한 맛을 음미할 수 있도록 담백한 요리를 먼저 내놓은 후, 달고 진한 맛의 요리를 내놓음으로써 끝까지 요리에 대한 맛의 흐름이 바뀌지 않게 한다.

(1) 전채(前菜)

주식과 부식이 구분된 음식문화를 가진 형태로 식사 전에 식욕을 돋우기 위한 음식이다. 전채는 차갑게 식혀서 내는 냉채와 따뜻하게 해서 먹는 열채로 나눈다. 주로 입맛을 돋우는 역할을 하며 주요리가 이어지므로 배부르지 않게 조금만 먹는 것이 좋다. 특히 전채는 레스토랑의 음식 중 가장 먼저 나오는 음식이기 때문에 그 레스토랑의 음식의 맛과 등급을 예측할 수 있는 지표가 되기도 한다. 즉 전채는 그 레스토랑의 얼굴이다.

1 냉채(冷菜)

냉채는 찬요리 2가지와 뜨거운 요리 2가지를 내놓는 방식으로 주로 짝수로 준비하는 것이 보통이다. 연회의 성격에 따라서 분위기를 나타내기 위해 여러 종류의 냉채를 배합하여 큰 접시에 그림으로 표현하여 담는 방식을 '병반'이라고 하는데, 모임의 성격에 따라서 다양한 모양과 맛을 고려하여 담아 낸다. 음식의 맛이 단조롭거나 중복되지 않도록 배합도 신경을 써서 미각과 시각을 자극하여 식욕을 돋우는 역할을 한다. 재료를 담는 방법과 가짓수에 따라서 '량반냉채', '3품냉채', '5품냉채'의 이름을 붙이며, '용봉냉채', '송학냉채', '봉황냉채' 등과 같이 모임의 성격에 따라서도 다양한 이름을 붙일 수 있다.

(2) 주채(主菜)

중국요리는 처음부터 많이 먹으면 나중에 진짜로 맛있는 요리를 못먹는다고 말한다. 이는 정식코스에서 기름진 음식이 나오기 때문이다. 주요리가 나오기 전에 탕채는 식욕을 돋우는 역할을 한다. 주요리는 탕이나 튀김, 볶음, 유채 등의 순서로 나오는 것이 일반적이다.

1 두채요리(頭菜)

연회의 중심요리이다. 여기에 따라서 연회의 등급이 결정되므로, 그날의 연회 중에서 가장 고급 식재료를 이용하여 만든 요리가 제공되는 것이 일반적이다. 상어지느러미, 제비집, 해삼, 전복 등을 사용하여 메뉴를 구성한다.

2 해물요리(海鮮菜)

재료 본래의 맛을 살려 조리하는 것이 매우 중요하다. 새우, 해삼, 게, 관자, 장어, 오징어, 도미, 갈치, 조기, 잉어, 우럭 등을 사용한다.

3 육류 및 가금류(肉類, 家禽類)

돼지고기, 소고기, 닭고기, 오리고기 등을 많이 쓴다. 특히 돼지고기를 이용한 요리가 많으며, 닭과 오리는 통째로 쓰거나 부위별로 나누어 요리한다. 가짓수가 1,000여 가지가 될 정도이다.

4 두부류(豆腐類)

두부는 고기, 채소와 같이 조리하면 잘 어우러져 중국요리에 많이 사용된다. 여러 종류의 두부가 있으며 조리법 또한 다양하다.

5 채소요리(蔬菜類)

제철채소를 위주로 하여 사용하고, 두채에 사용되었던 채소는 가급적 배제하고, 신선하고 담백한 맛을 내는 요리로 구성한다.

6 탕요리(湯菜)

중국요리에는 두 가지의 탕요리가 있는데, 전채를 먹은 후 두채를 시작하기 전에 먹는 탕요리는 고급 식자재를 사용하여 만든 맑은 탕이지만, 식사가 끝날 때쯤 나오는 탕요리는 주식을 먹기 위한 탕요리로 맛이 강하다. 그리고 걸쭉한 형태의 진한 탕이 나오는 것이 일반적이다.

7 밥이나 면

주요리가 모두 제공되고 난 후에 마지막으로 밥이나 면을 낸다.

(3) 후식

앞서 먹었던 요리의 맛이 남아있는 입안을 단맛으로 마무리한다는 의미로 단음식과 차, 계절과일 등이 제공된다. 한국에서는 중국요리 코스로 식사가 끝나면 나오는데, 일단 음식이 끝났다고 보면 된다.

4) 식단 작성 시 유의사항

- 음식의 수는 식탁에 앉을 인원에 의해 조절해야 한다.
- 음식의 수는 인원수보다 한 가지 정도 많은 것이 좋다. 가짓수는 짝수로 한다.
- 진한 맛에서 담백한 맛의 음식으로 이어지게 준비한다.
- 진한 색에서 연한 색, 해산물에서 육류로 이어지도록 한다.
- 중복된 조리법을 피하고 볶음이나 튀김, 찜 등 다양한 조리법으로 구성한다.
- 주재료와 부재료는 생선, 육류, 채소, 두부, 면 등을 골고루 준비한다.
- 단맛, 신맛, 쓴맛, 감칠맛, 짠맛의 음식이 골고루 들어가도록 해야 한다.

3. 중국요리 이름 이해하는 법

중국요리 이름은 일반적으로 주재료와 조리방법으로 만들어진 경우가 많다. 예를 들면, '우육면(牛肉面)'은 소고기와 면으로 형성되어 있어 주재료를 바탕으로 구성된 음식 이름이다. '볶음밥(炒飯)'은 조리법과 주재료의 방법으로 구성된 요리이름이다. 이처럼 메뉴판에 제시되는 글자들을 알면 이름을 통해 무슨 요리인지 파악할 수 있다.

1 이름에 재료의 별칭을 쓰는 경우

일종의 비유법과 미화법을 이용하여 재료에 별칭을 붙인다(닭-봉황, 닭날개-화수(華袖), 닭발-봉조(鳳爪), 달걀-봉단(鳳蛋) 또는 부용(芙蓉), 뱀이나 생선-용(龍), 두부-백옥(白玉)).

2 음식 이름이 좋은 의미를 내포한 경우

음식이란, 곧 건강과 생명에 관련이 있으므로 언제나 좋은 의미와 관련된다. 그래서 이름에 긍정적이며 밝고 아름답고 복된 이미지를 결합시키는 경우가 많다. 복과 장수를 누린다는 '복수전(福壽全)', 모든 일이 순조롭다는 '일범풍순(一帆風順)', 해마다 넉넉하다는 '연년유여(年年有餘)', 직위가 올라간다는 '보보등고(步步登高)', 장수를 누리라는 '사해상수(四海上壽)', 돈을 많이 벌라는 '발재도수(發財到手)', 도처에 재물이 들어오라는 '금전만지(金錢滿地)', 관운이 좋으라는 '승관도(升官圖)', 결혼을 축하하는 '용봉정상(龍鳳呈詳)', 가난한 집에 복이 들어오라는 '한문조복(寒門造福)' 등이 있다.

3 음식 이름이 '조리법 구분법'을 통해 설명이 안 되는 경우

고급 음식에 많이 쓰이는 추상적 또는 비유적 이름이다. 요리 모습이 하나의 그림을 이루는 경우 '학록동춘(鶴鹿同春)', '설야도화(雪夜桃花)', '백조조봉(百鳥朝鳳)', '공작개병(孔雀開屏)', '쌍룡희주(雙龍戱珠)' 등이 있다.

4 사자성어를 이용해 이름을 만든 경우

'출수부용(出水芙蓉)', '용비봉무(龍飛鳳舞)' 등이 있다.

5 신화를 이용한 경우

'패왕별희(霸王別姬)', '귀비계(貴妃鷄)', '서시하인(西施蝦仁)', '항아지정(嫦娥知精)', '팔선과해(八仙過海)' 등이 있다.

4 중국요리의 칼질

1. 중국요리의 칼질 방법

중국요리의 맛에 대한 시작은 칼질방법[刀工]이다. 칼질의 기본은 재료를 균일하게 자르는 것이 가장 중요하며, 일반적으로 사용되는 칼질방법에 대해 살펴보면 다음과 같다.

1) 조각 편(片, piàn)

재료의 단면을 칼을 뉘어 썰거나 직각으로 어슷 써는 방법이다. 두께에 따라 얇은 편과 두꺼운 편으로 나며, 크기와 형태에 따라 '유엽편(柳葉片)', '골패편(骨牌片)', '지갑편(指甲片)', '월아편(月牙片)' 등으로 세분한다.

2) 실 사(絲, sī)

채 써는 방법을 말한다. 먼저 얇게 편으로 썬 다음 한꺼번에 쌓아놓고 한쪽으로 뉘어가며 채썰기를 한다. 재료의 결 방향에 따라 결대로 썰거나 가로썰기, 어슷썰기 등을 한다. 사(絲)는 굵기에 따라 '두조사(頭粗絲)', '중조사(中粗絲)', '세사(細絲)'로 나뉜다.

3) 갈고리 정(丁, dīng)

정육면체의 주사위 모양으로 써는 방법으로, 덩어리가 작다. 크기는 조(條)의 두께에 따라 썰은 것에서 결정된다. 정(丁)은 많은 재료에 다양하게 사용되나, 특히 육류나 식물성 재료를 조리하는데 적합하다. 모양은 '대방정(大方丁)', '소방정(小方丁)', '수지정(手指丁)', '감람정(橄欖丁)', '능각정(菱角丁)' 등이 있다.

4) 덩어리 괴(塊, kuài)

덩어리로 큼직하게 써는 것을 말하며, 조리방법이나 시간에 따라 크기를 조절하는데 두께에 상관없이 2.5cm 정도의 크기가 적당하다. 장방형 크기에 따라 '골패괴(骨牌塊)', 마름모의 '능형괴(菱型塊)', 도톰하고 다양한 '곤도괴(滾刀塊)', 그리고 '장방괴(長方塊)' 등이 있다.

5) 나뭇가지 조(條, tiáo)

나뭇가지 모양의 직육면체의 크기로 써는 방법이다. 써는 형태는 사(絲)와 비슷하지만, 두께에서 차이가 난다. 재료를 먼저 편(片)으로 썬 후 다시 막대모양으로 썰기를 하는데, 두께가 있고 넓은 형태의 편이므로 하나씩 썬다. 조(條)는 막대 모양의 '장방조(長方條)'와 한쪽 끝이 뾰족한 모양의 '상아조(象牙條)'가 있다.

6) 알갱이 립(粒, lì)

사(絲)의 모양으로 썰어놓은 것을 다시 아주 잘게 써는 것을 말한다. '완두입(豌豆粒)', '녹두입(綠豆粒)', '미입(米粒)' 등이 있다.

7) 끝 말(末, mò)

재료를 쌀알 정도의 크기로 써는 방법이다. 보통 립(粒)보다는 훨씬 잘게 다지며 그 형태나 크기가 고르지 못하다.

8) 니(泥, ní)

칼등으로 다지거나 으깨어 재료에서 나오는 점액질로 뭉쳐지게 한 것을 '니(泥)'라고 한다. 힘줄과 껍질 같은 질긴 부분을 모두 제거한 후 칼로 아주 잘고 곱게 다진다. 말보다는 입자가 작다.

2. 중국요리의 칼 사용법

1) 칼의 사용법

중국요리에서 칼 사용법이란, 조리원료를 가공하는 데 필요로 하는 서로 다른 형태의 썰기 방법을 말한다.

2) 칼 사용법의 종류

칼 사용법의 종류는 크게 '직도법(直刀法)', '평도법(平刀法)', '사도법(斜刀法)', '계도법(鍥刀法)' 등으로 나눈다.

(1) **직도법**(直刀法)

도마나 칼면, 재료의 접촉면이 직각(90도)을 이루는 것을 말한다. 직도법의 종류에는 '절(切)', '감(砍)', '참(斬)'이 있다.

1 절(切)

칼 사용을 위에서 아래로 힘을 주며 밀고 당기는 방법으로 '직절', '납도절', '추도절', '거절', '찰절', '곤절'로 나눈다.

- 직절: 칼을 위에서 아래로 직각으로 자르는 방법인데, 한 손으로는 재료를 안정되게 잡고 다른 손으로는 칼을 쥐고 고르게 힘을 주어 직각으로 칼을 사용하는 방법이다. 이는 작고 가는 식물성 원료를 썰 때 사용한다.
- 납도절: 칼을 위에서 아래로 내리며 바깥에서 안쪽으로 당기는 듯한 동작이다. 칼을 밀 때는 칼의 앞부분을 사용해야 하며, 이것은 부드럽고도 질긴 근육이 있는 부분의 동물성 재료를 썰 때 사용한다.
- 추도절: 칼을 위에서 아래로 내리며 안쪽에서 바깥쪽으로 미는 동작이다. 칼을 당길 때는 칼의 후반부를 사용해야 하며, 이것은 부드럽고도 비교적 둥글고 큰 동·식물성 재료를 썰 때 사용한다.
- 거절: 칼을 위에서 아래로 내리며 안쪽에서 바깥쪽으로, 다시 바깥쪽에서 안쪽으로 자르는 방법이다. 칼을 밀고 당길 때는 힘이 균일해야 하며 크고 부드러우면서도 질긴 근육부분이 있는 동·식물성 재료를 썰 때 사용한다.
- 찰절: 칼날을 재료의 표면에 붙이고 위에서 아래로 힘을 쓰면서 칼날의 양끝 부분이 지탱점이 되어 재료가 잘리게 되는 상하찰절 방법과 칼날을 재료의 표면에 평평하게 놓고 손으로 칼등을 쳐서 자르는 평압찰절 방법으로 나눈다. 이 방법은 원형이거나 딱딱하며 쉽게 미끄러져서 움직일 수 있는 껍질이나 뼈의 재료를 자를 때 사용한다.
- 곤절: 재료를 굴리면서 써는 방법이다. 양손의 균형이 맞아야 하며 재료를 굴림과 동시에 칼로 썰어야 한다. 단단하면서 원주형이나 원형의 식물성 재료를 써는 데 사용한다.

2 감(砍)

직감과 근도감 두 가지 방법이 있는데, 칼을 상하로만 움직여 사용한다. 직감은 상하로 힘을 세게 주어 재료를 절단하는 방법으로 위치를 정확하게 해야 한다. 근도감은 재료에 칼로 금을 그어 위치를 정하고 칼로 찍어 자르는 방법이다. 한 번에 재료가 잘리지 않으므로 여러 번 반복해야 한다. 단단하고 큰 동물성 재료를 자르는데 사용되며, 칼도 강한 것이어야 한다.

3 참(斬)

칼을 상·하로만 자주 움직여 재료를 잘게 자르는 방법으로, 칼은 하나로 사용하는 방법과 두 개로 사용하는 방법이 있다. 자르고 난 후에는 아주 작은 형태가 된다.

(2) **평도법**(平刀法)

칼의 면과 도마나 재료가 놓인 면이 평행(180도)에 가까운 것을 말한다. 이러한 평도법의 종류에는 '추도편(推刀片)', '납도편(拉刀片)', '추납편(推拉片)', '평도편(平刀片)', '곤료편(滚料片)', '두도편(抖刀片)' 등이 있다.

1 추도편(推刀片)

한손은 재료를 잡고 한손은 칼을 쥐어 칼의 면과 도마가 평형이 이루어져야 한다. 힘을 안쪽에서 바깥쪽으로 쓰는데, 칼을 밀어 넣는 방식으로 하여 재료에 칼날이 들어가 자르는 방법이다. 재료는 평평하게 놓여 있어야 하며, 부드러운 동·식물성 재료를 자를 때 사용된다.

2 납도편(拉刀片)

칼의 면과 도마가 평형이 되게 하고, 힘을 바깥쪽에서 안쪽으로 쓰는데, 칼을 당겨 재료에 칼날이 들어가 자르는 방법이다. 재료는 평평하게 놓여 있어야 하며, 부드러운 식물성 재료를 자를 때 사용된다.

3 추납편(推拉片)

칼을 잡고 있는 힘이 안정적이어야 하며, 칼이 들어가는 부분이 정확하고 칼을 밀고 당기는 움직임이 일정해야 한다. 딱딱하고 질긴 동·식물성 재료를 자를 때 사용되는데, 추도편과 납도편 2가지 방법 모두를 사용한다.

4 평도편(平刀片)

칼의 면과 도마가 평형상태를 이루면서 자르는 방법이다. 칼을 잡고 있는 힘이 안정적이어야 하며, 칼의 날이 들어가는 부분이 정확해고 움직이는 방향과 힘이 일정해야 한다.

5 곤료편(滚料片)

한손은 재료를 잡고서 돌려주고, 한손은 칼을 쥐고 날이 재료의 아랫부분에서 평형으로 움직여 자르는 방법이다. 이 방법은 평도편의 변형된 방법이다.

6 두도편(抖刀片)

칼면과 도마가 평형을 이루게 하고, 칼날을 상·하로 움직여 재료를 자르는 방법으로, 칼은 상·하로 움직일 때 각도와 방향이 일정해야 한다. 부드러운 재료와 약간은 단단함이 있는 동·식물성 재료를 자를 때 사용된다.

(3) 사도법(斜刀法)

'정도편(正刀片)'과 '반도편(反刀片)' 2가지가 있다. 칼면과 도마, 재료 사이에 비스듬한 각(90도에 비슷한)이 생기게 하는 칼 사용법이다.

1 정도편(正刀片)

칼면과 도마의 면이 90도보다 작게 이루어지는 사용법이다. 칼날은 왼쪽에 있고, 칼등은 오른쪽에서 이루어지는 사용방법이다. 재료를 평평하게 해야 하며, 칼이 들어가는 부분을 정확히 하고 칼끝이 날카로워야 한다.

2 반도편(反刀片)

칼면과 도마의 면이 90도보다 크게 이루어지는 도법이다. 칼날은 오른쪽에 있고, 칼등은 왼쪽에서 이루어지는 사용방법이다. 재료를 평평하게 해야 하며, 칼이 들어가는 부분을 정확히

하고 칼을 잘 사용할 수 있는 양손의 조화가 필요하다.

(4) 계도법(锲刀法)

계도법은 '직도기(直刀剞)'와 '사도기(斜刀剞)' 두 종류가 있다. 이 방법은 재료의 겉을 자르고 끊어지지 않는 깊이 있는 무늬를 새기는 등 형태를 예쁘게도 하고, 원재료가 가지고 있는 질감을 살릴 수도 있는 방법이다.

1 직도기(直刀剞)

칼을 사용하는 방법은 '직도법'과 같다. 직도법의 각종 도법을 사용하여 재료의 성질에 따라 재료 표면에 일정한 무늬를 내는 방법이다.

2 사도기(斜刀剞)

사도법의 도법을 사용하여 재료에 무늬를 내는 방법이다. 이 방법은 칼의 방향과 이루는 각에 따라 '사도추기'와 '사도납기'로 나눈다. 사도추기는 사도법의 반도편(反刀片)과 기본적 방법이 같고, 사도납기는 사도법의 정도편(正刀片)과 기본적인 방법이 같다.

05 중국차와 술

1. 중국차 문화와 예절

중국을 대표하는 것 중의 하나를 꼽으라면 일상생활에 대중화되어 있는 차 문화일 것이다. 중국인들은 흔히 이런 말을 한다. “開門七件事, 柴米油鹽醬醋茶”, 즉 직역을 하면 “아침에 문을 열고 일어나면 문 앞에 반드시 있어야 할 일곱 가지에 대한 것인데, 柴는 땔감, 즉 연료이고, 米는 쌀, 油는 기름, 鹽은 소금, 醬은 간장, 醋는 식초, 마지막으로 茶(차)가 있어야 한다”라는 말이다.

앞의 6가지는 요리와 관련된 것인데, 마지막으로 차가 있다는 것은 중국 음식문화에 있어 빠져서는 안 될 중요한 것임을 의미한다. 특히 손님을 맞이할 때는 따뜻한 차를 내고, 맛있는 음식과 함께 차를 마신다. 이렇듯 중국의 차 문화는 유구한 역사와 전통을 바탕으로 일상생활의 중요한 문화로 자리잡게 되었다.

차의 유래를 살펴보면, 중국에서 농경의 신(神)으로 여겨지는 ‘신농씨(神農氏)’가 처음 먹었으며, 갈증이 해소되었다는 데서 유래가 되었다는 신화가 있다.

일반적으로 차의 원산지는 운남성과 귀주성, 사천성 등의 산간지역이며, 한나라 때에 차를 재배하고 마셨다는 기록이 있다. 이후 위진남북조 시대를 거치면서 서서히 중국 음식문화 속에 자리를 잡았고, 당(唐)나라에 접어들어 758년경 육우(陸羽)가 『다경(茶經)』에 차의 종류와 산지, 재배법, 차 끓이는 법, 차 마시는 법, 다구 등 차에 대한 전반적인 내용이 담긴 서적을 저술하면서 중국차 문화의 뼈대를 구축하게 되었다. 이를 계기로 중국 각 지역으로 전파되었으며, 송(宋)대에서의 차는 단순히 갈증을 해소하는 기능적인 면을 초월하여 차를 통해 인격수양과 정신수양 차원에서 사원과 사찰에서 발달하여 일반 대중에게도 차의 문화가 보급되기 시작했다. 이 시기에 일본으로 전래되어 일본의 '다도'가 정착되었으며, 우리나라에도 사찰을 통해 전래되었다.

원(元)나라 시기에 몽고족은 다례의 엄격한 격식을 배제하고 간소화하기 시작했고, 명(明)대에 문인들에 의해 차의 연구가 이루어졌다. 그리고 청(淸)나라 말기에 이르러 대중문화와 결합하여 새로운 차 문화를 형성하였다. 그동안 약으로 사용되던 차가 이러한 오랜 역사를 바탕으로 새로운 차 문화가 자리잡게 되었다.

중국차의 종류는 무수히 많은데, 일반적으로 발효 정도에 따라 나누면 다음과 같다.

녹차는 발효하지 않고 가마에 열을 가해 찻잎을 덖어서 만든 것인데, 발효시키지 않아 신선하며 담백한 맛을 지녔다. 마시고 나면 올리브열매 맛이 도는 것이 특징으로 '청차(青茶)'와 '백차(白茶)', '용정차(龍井茶)'가 이에 속한다. 용정차는 중국차 중에서 가장 으뜸으로 치는 차로, 청나라 건륭제 때에는 황실에서만 먹을 수 있었던 고급품이다. 특산지는 항주에 있는 용정지방이 유명하며 '용정차(龍井茶)', '벽라춘(碧螺春)' 등이 있다. 녹차의 반 발효차는 볶아서 건조하면 잎이 꼬인 줄 같은 모양이 되므로 '까만 용'이라는 뜻의 오룡(烏龍)이란 이름을 가졌다. 녹차의 청신함과 홍차의 깊은 맛을 겸하며 마신 후 입 안에는 난초나 연꽃향이 남는다. '암차(岩茶)', '철관음차(鐵觀音茶)', '수선차(水仙茶)' 등이 이에 해당한다. 오룡차, 황차, 배차와 같이 10~30% 정도를 발효해서 만드는 것으로 '군산은침(群山銀針)', '백호은침(白毫銀針)', '백목단(白牧丹)', '철관음(鐵觀音)', '문산포종차(文山包種茶)', '동정오룡차(凍頂烏龍茶)' 등이 있다.

홍차는 발효 후 건조한 차로 색이 붉어 '홍차'라 부른다. 마신 후 입 안에 밤맛이 남는데, 우유나 설탕을 더하면 맛이 더욱 부드럽고 깊다. '보이차(普珥茶)'와 '육안차(六安茶)'가 이에 해당하고, 홍차는 국내 총생산량의 1/4을 차지하며, 수출량은 총수출량의 1/2을 차지하는데 80~90% 정도가 발효를 통해서 만든다. 대표적인 홍차로는 '기문홍차(祁門紅茶)', '여지홍차(荔枝紅茶)' 등이 있다.

흑차와 같은 완전 발효차는 차 잎을 압축하여 찐 다음 발효시켜 덩어리지게 모양을 만들어 내는 것이 일반적이며, '육보차(六堡茶)', '보이차(普夷茶)', '화차(花茶)' 등이 있다.

화차류는 녹차나 오룡차를 기본 재료로 하며, 여기에 더하여 재스민, 목련, 장미, 납매 등의 꽃을 넣어 섞어 만든다. 이런 종류의 차는 차 맛과 꽃향기가 어우러져 있어 마시고 나면 맑고 상쾌한 느낌이 든다.

긴압차는 차 잎을 발효시킨 후 증기와 압력으로 둥근꼴이나 네모꼴의 떡이나 벽돌 같은 모양으로 만든다. 이러한 종류의 차는 맛이 진하고 약간 쓰지만 소화를 잘 돕는다. 또한 우유를 섞어 마셔도 좋은데, 고산지역이나 추운지방에서 신속히 열량을 보충할 때 마실 수 있는 차이다. '병차', '전차', '긴차', '방차', '타차' 등 여러 종류가 있다.

그 외에 찻잎의 제조공정에 따른 분류와 산출 계절에 따른 분류, 그리고 완성 후 모양에 따른 분류 등이 있다.

옛 중국 사람들은 좋은 차에 대하여 이렇게 표현하고 있다. "첫 잔은 목을 축이고, 둘째 잔은 고독을 깨트리고, 셋째 잔은 오천자의 문장이 나오고, 넷째 잔은 불편한 일을 땀을 통해 내보내고, 다섯째 잔은 근육과 뼈가 시원해지고, 여섯째 잔은 신령의 길이 열리고, 일곱째 잔은 신령이 되어 하늘로 오른다."고 표현한다.

2. 중국술의 종류와 문화

중국을 기차로 여행하다보면, 각 지역마다 서로 다른 이름들의 맥주와 백주를 접할 수 있게 된다. 이처럼 중국은 예로부터 수백 종류가 넘는 술이 있지만, 우리가 흔히 알고 있는 빼갈이라고 부르는 '백주'와 '황주'로 나눌 수 있다.

빼갈이라고 부르는 백주는 중국식 발음에서 기인된 것이고, 술지게미를 걸러내는 기구를 사용해서 열을 가해 여러 차례 증류방식으로 추출하는 술이다. 주재료는 고량(高粱)을 사용하여 '고량주'라고 통칭하기도 한다. 이렇게 만들어지는 술의 색이 하얗기 때문에 '백주(白酒)'라고 한다. 대표적인 술은 사천성의 수정방과 우량액, 귀주성 모태주, 산서성 분주·노주노교특곡, 섬서성의 서봉주, 연태산 장미향 적포도주, 산동성의 미미사주·금장 브랜디 등이 있다.

황주는 수수나 찹쌀 등의 곡물을 이용하여 누룩을 첨가하여 발효시켜 만드는 발효주로서 10~15도의 저알코올 술로 '황색'이다. 주로 쌀을 원료로 하며 장쑤성의 사오싱주(紹興酒)가 가장 대표적이고 남방 사람들이 많이 마신다. 황주는 곡물을 원료로 해서 전용 주룩과 주약(약초랑 그 즙 등을 넣어 배합을 하고 곰팡이를 채운 것)을 첨가하여 당화, 발효, 숙성의 과정을 거쳐 마지막에 압축해서 만들어진다. 술의 색이 노랗지는 않고 색이 '어느 정도는 있다'는 의미로 해석하면 된다. 발효주인 만큼 알코올 함유량은 10% 안팎으로 비교적 약하지만, 향이 그윽하고 풍미가 뛰어난 것이 특징이다.

백주와 황주 외에 '노주(露酒)'와 '과실주(紅酒)', '맥주'가 있는데, 노주(露酒)는 '미주'라고도 하며 한국말로 하면 약주(藥酒)에 해당된다. 술에다 각종 식물이나 약재를 넣고 함께 증류시켜 독특한 맛과 향기를 포함하는데, 노(露)는 '이슬'을 말하며 이른 새벽의 영롱한 건강을 상징하기도 하여 붙여진 이름이다. 대표적인 노주에는 '죽엽청주'와 '오가피주'가 있다.

죽엽청주는 음주 후 나타나는 두통 등의 부작용을 전혀 느낄 수 없으며 기를 충족시킬 뿐만 아니라 혈액을 순화시키는 작용을 하는 것으로 알려져 있다.

과실주[紅酒]는 '포도주'이며 사마천의 〈사기〉에 중국의 서북지방에서 포도를 재배하여 술을 담갔다는 기록이 있는 것으로 보아, 포도주의 역사는 최소한 2천 2백 년이 넘는 것으로 추정된다. 현재 중국의 최상급 포도주로는 산동 연대의 '홍포도주'와 청도의 '백포도주'가 유명하다.

맥주는 중국에서 가장 많은 종류를 자랑하는 술로, 각 지방마다 고유 브랜드를 가진 것이 많다. 그 중에서 독일과 기술을 제휴하여 만든 '청도맥주'가 가장 유명하고, 그 외에 북경, 상해, 서안 등지에 각각의 브랜드를 가진 맥주들이 있다. 청도맥주는 중국 '8대 명주' 중 하나인데, 19세기 서구의 열강들이 중국을 침략해오면서 독일은 청도에 근거지를 마련하였다. 이곳의 수질이 매우 좋아 독일 사람들의 관심을 끌게 되었고, 그로 인해 독일인의 기술로 1903년에 맥주공장을 세웠다.

다음은 중국인들의 술 문화에 대해서 알아본다.

1 가장 대중적인 술 백주

남방 사람들이 황주를 많이 마신다고 하지만, 전체적으로 보면 백주의 소비가 우위를 차지한다. 도수가 무척 높으며 보통은 40도 정도가 많지만, 60도 전후도 흔하다. 대신 백주는 뒤끝이 없어 자고 일어나도 두통이 없다.

2 술잔 돌리지 않는 중국인

자신이 마시던 술잔을 다른 사람이 마시는 것은 우리나라에서는 동지애와 인정의 표시이지만, 중국인들은 불결하게 생각한다.

3 마시는 시늉

술을 권할 때 마시지 않는다하더라도 마시는 시늉은 해야 한다. 특히 몽골이나 카자흐족 등

소수민족 지역에 가면, 입구에서 전통의상을 입고 노래를 부르며 술잔을 권하는데, 이때 술을 받지 않는 것은 큰 실례이며 비록 마시지 않더라도 술잔을 들어 입술에 대는 시늉을 하는 것이 상대에 대한 예를 표시하는 것이다.

4 수시로 하는 건배

자신이 혼자서 술잔을 마시는 경우는 적고, 대부분 마실 때마다 건배를 외치며 함께 마시길 권한다. 간베이(乾杯)는 '술잔을 말린다'는 뜻으로 술잔을 비우자는 뜻이다.

5 잔 부딪치기

중국인들과 술을 먹으면 잔을 서로 부딪치는 경우가 많은데, 이때는 자신의 잔을 상대 잔보다 낮게 함으로써 예의를 표시한다. 만약 원탁에 앉아 상대방과 거리가 멀다면 탁자 가운데에 있는 회전판에 잔을 부딪치면 된다. 그러면 상대방도 같은 동작을 취하여 술잔을 부딪치는 것으로 간주한다.

6 술을 억지로 권하는 경우

남방에 비해 북방 사람들이 권주하는 경향이 강하다. 권주는 모임의 성격에 따라 다르지만, 일반적으로 상업적인 모임에서 억지로 권함으로써 우정을 과시하려는 경우가 많으며, 이 경우 솔직하게 주량을 말하는 것이 좋다. 중국에서는 상대를 취하게 해야 예의를 다한다는 관념이 있기 때문에 자신의 주량을 밝히는 것이 좋다.

7 첨잔을 하는 중국인

우리는 술잔을 다 비워야 술을 따르는 반면, 중국인들은 수시로 술을 채움으로써 자신의 관심을 표현한다.

8 술주정은 금물

중국에서는 취객이 소란을 피우는 경우가 극히 드물며, 따라서 이러한 모습을 보이는 것은 사람들의 웃음거리가 되기 십상이다. 대신 낮에 술을 마시거나 얼굴이 벌겋게 되어도 개의치 않는다.

9 생선요리를 통한 권주

생선요리가 나올 때 생선의 머리가 가리키는 사람이 세 잔을 연달아 마셔야 하고, 꼬리가 가리키는 사람은 넉 잔을 마셔야 한다는 풍습이 있다. 이 풍습은 꼭 지켜지는 것은 아니지만, 좌중에서 술을 마시게 할 때 쓰는 고전적 방법의 하나인 것이다. 일반적으로 생선머리는 왼쪽을 향하고, 꼬리는 오른쪽으로 향하게 하며, 손님 중에서 지위가 가장 높은 사람을 향해 생선의 배가 향하게 하는 것이 일반적이다.

위에 나열한 이러한 중국인들의 술 문화는 일상생활에서 기본적으로 이루어지는 것들이므로, 절대적인 것은 아니다.

Chinese Cuisine

고급중국요리비법

실기편

CHINESE
CUISINE

중식 조리기능사 • 중식 조리산업기사 • 중식 조리기능장

조리기능사 수험자 유의사항

- 조리작품 만드는 순서는 틀리지 않게 해야 한다.
- 숙련된 기능으로 맛을 내야하므로 조리작업 시 음식의 맛을 보지 않는다.
- 지정된 수험자 지참준비물 이외의 조리기구나 재료를 시험장 내에 지참할 수 없다.
- 지급재료는 시험 전 확인하여 이상이 있을 경우, 시험위원으로부터 조치를 받고 시험 도중에는 재료의 교환 및 추가지급은 하지 않는다.
- 다음과 같은 경우에는 채점 대상에서 제외한다.

• 시험시간 내에 과제 두 가지를 제출하지 못한 경우 → 미완성
• 시험시간 내에 제출된 과제라도 다음과 같은 경우
– 문제의 요구사항대로 작품의 수량이 만들어지지 않은 경우 → 미완성
– 해당 과제의 지급재료 이외의 재료를 사용한 경우 → 오작
– 구이를 찜으로 조리하는 등과 같이 조리방법을 다르게 한 경우 → 오작
– 불을 사용하여 만든 조리작품이 작품 특성에 벗어나는 정도로 타거나 익지 않은 경우 → 실격
– 가스레인지 화구 2개 이상 사용한 경우 → 실격
– 시험 중 시설·장비(칼, 가스레인지 등) 사용 시 감독위원 및 타수험자의 시험 진행에 위협이 될 것으로 감독위원 전원이 합의하여 판단한 경우 → 실격

- 항목별 배점은 위생상태 및 안전관리 5점, 조리기술 30점, 작품의 평가 15점이다.

고급중국요리비법

중식 조리기능사

해파리냉채 • 오징어냉채 • 달걀탕 • 증교자 • 새우완자탕
새우볶음밥 • 탕수생선살 • 새우케첩볶음 • 깐풍기 • 라조기 • 난자완스
경장육사 • 탕수육 • 홍쇼두부 • 마파두부 • 짜춘권 • 양장피잡채 • 고추잡채
부추잡채 • 채소볶음 • 물만두 • 유니짜장면 • 울면 • 빠스옥수수 • 빠스고구마

해파리냉채 凉拌海蜇皮 | liáng bàn hǎi zhé pí

량 반 해 철 피

시험시간 20분

조리법 : 凉蒸 칼질방법 : 絲

요구사항

주어진 재료를 사용하여 '해파리냉채'를 만드시오.

❶ 해파리에 염분이 없도록 하시오.

❷ 오이는 0.2cm×6cm 정도 채로 어슷하게 써시오.

수험자 유의사항

❶ 해파리는 끓는 물에 살짝 데친 후 사용하도록 한다.

❷ 냉채에 소스가 침투되게 하도록 하고, 냉채는 함께 섞어 버무려 담는다.

지급재료

주재료

해파리 150g

부재료

오이(가늘고 곧은 것, 20cm 정도) 1/2개

양념 〈소스〉

식초 45㎖, 마늘 3쪽(깐 것)
백설탕 15g, 소금(정제염) 7g
참기름 5㎖

만드는 법

❶ 염장되어 있는 해파리의 소금기를 물로 헹궈낸 뒤, 끓는 물에 쪼글쪼글하게 데쳐서 건져낸다.
❷ 찬물을 흘려 가볍게 손으로 비벼 소금기를 제거하고, 수돗물을 계속 흘려 해파리를 불린다.
❸ 오이는 6cm의 길이로 곱게 채 썬다.
❹ 마늘을 곱게 다져서 준비한다.
❺ 불린 해파리는 건져서 물을 꼭 짠 다음, 식초를 조금 넣고 살짝 버무려준다.
❻ ⑤의 해파리와 채 썬 오이를 살짝 버무려 접시에 입체감 있게 담아놓는다.
❼ 육수(물) 15㎖, 소금 2g, 백설탕 5g, 식초 5㎖을 넣고 잘 섞은 다음, ④의 다진 마늘을 넣어 소스를 완성한다.
❽ ⑥의 접시 해파리 위에 소스를 얹어준다.

전문가의 한마디

• 해파리를 빨리 불리고자 할 때는, 찬물에서 소금기를 완전히 제거한 뒤 끓는 물에 쪼글쪼글해질 때까지 데쳐 식초를 조금 넣고 버무린 뒤, 다시 찬물을 흘려주면 그냥 물에 불렸을 때보다 빨리 불릴 수 있다.
※ 주의 : 해파리의 탄력이 떨어질 수 있다.

memo

시험시간 **20**분

오징어냉채 凉拌鱿魚(墨魚) | liáng bàn yóu yú(mò yú)

량 반 유 어 (묵 어)

조리법 : **凉拌** 칼질방법 : **片**

요구사항

주어진 재료를 사용하여 '오징어냉채'를 만드시오.

1. 오징어 몸살은 종 · 횡으로 칼집을 내어 3~4cm 정도로 써시오.
2. 오이는 얇게 3cm 정도의 편으로 썰어 사용하시오.
3. 겨자를 숙성시킨 후 소스를 만드시오.

수험자 유의사항

1. 오징어 몸살은 반드시 데쳐서 사용해야 한다.
2. 간을 맞출 때는 소금으로 적당히 맞추어야 한다.

지급재료

주재료

갑오징어살(오징어 대체 가능) 100g

부재료

오이(가늘고 곧은 것, 20cm 정도) 1/3개

양념 〈소스〉

식초 30㎖, 백설탕 15g
소금(정제염) 2g
육수(또는 물) 20㎖
참기름 5㎖, 겨자 20g

만드는 법

❶ 팬에 500㎖의 물을 넣고 끓인다.(오징어 데침에 사용)
❷ 겨자 10g과 끓는 물 10㎖을 넣고 잘 섞어 랩으로 싼 뒤, 팬의 뚜껑 위에 발효를 시킨다.(10분 정도)
❸ 오이는 얇게 3cm 정도의 편으로 썰어 준비한다.
❹ 오징어 몸살은 껍질을 제거하여 종 · 횡으로 칼집을 내어 3~4cm로 편을 썰고, 끓는 물에 살짝 데쳐 찬물에 헹궈 물기를 제거하여 준비한다.
❺ ②의 숙성시킨 겨자에 식초 10㎖, 백설탕 10g, 소량의 소금을 넣어 소스를 만들어 준비한다.
❻ 오징어편은 물기를 제거하고 오이편과 섞어 접시에 담고 겨자소스를 골고루 끼얹는다.

전문가의 한마디

• 겨자는 반드시 끓는 물로 섞어주어야 겨자 고유의 향을 살릴 수 있다. 겨자와 끓는 물의 비율은 1 : 1이면 충분하다. 따뜻한 곳에서 10분 이상 반드시 숙성시킨 후 식초와 백설탕도 동일하게 넣어주면 맛을 더 낼 수 있다.
  – 겨자(10g) : 끓는 물(10㎖) : 식초(10㎖) : 백설탕(10g)
  – 소량의 소금만을 첨가한다.

※ 중국요리에서 凉拌(냉채)는 일반적으로 버무려내는 것을 의미한다.

memo

달걀탕 蛋花湯(鷄蛋湯) | dàn huā tāng(jī dàn tāng)

단 화 탕 (계 단 탕)

시험시간 20분

조리법 : 湯 칼질방법 : 絲

요구사항

주어진 재료를 사용하여 '달걀탕'을 만드시오.

❶ 대파와 표고, 죽순은 4cm 정도로 채를 써시오.

❷ 수프의 색이 혼탁하지 않도록 하시오.

수험자 유의사항

❶ 달걀이 뭉치지 않게 풀어 익힌다.

❷ 녹말가루의 농도에 유의해야 한다.

지급재료

주재료
달걀 1개

부재료
건표고(지름 5cm 정도, 물에 불린 것) 1개
죽순 20g, 팽이버섯 10g
건해삼(불린 것) 20g
돼지등심(살코기) 10g

향신료
대파(흰부분 6cm 정도) 1토막

양 념
진간장 15㎖, 소금(정제염) 4g
흰후춧가루 2g
녹말가루(감자전분) 15g
참기름 5㎖
육수(또는 물) 450㎖

만드는 법

❶ 달걀을 풀어 놓는다.
❷ 죽순, 표고버섯, 팽이버섯, 대파는 4cm 정도로 채를 썬다.
❸ 대파는 4cm 정도의 크기로 채를 썰어 준비한다.
❹ 돼지고기는 4cm 정도로 가늘게 채 썰 준비를 하고, 건해삼채와 내장을 제거한 후 끓는 물에 살짝 데쳐 준비한다.
❺ 달구어진 중식 팬에 기름으로 코팅한 뒤, 살짝 달군 팬에 육수 450㎖을 넣는다.
❻ ②, ③, ④의 재료를 순서대로 넣는다.
❼ 소금 4g, 진간장 2㎖를 넣고 간을 한다. 후추를 넣어 향을 잡아준다.
❽ 육수가 끓으면 불순물을 제거한 뒤 불을 끄고 물녹말로 농도를 맞춘 다음 다시 불을 켜서 한소끔 끓여 물녹말을 익혀준다.
❾ 불을 끄고 달걀을 넣어 골골 섞은 뒤 다시 불을 켜서 달걀을 익혀준다. 소량의 참기름을 넣어 향을 낸 뒤 그릇에 담아 낸다.

전문가의 한마디

- 탕에 달걀이 들어갈 때는 물녹말의 농도를 묽게 맞춘 뒤에 달걀을 넣어야 원하는 농도를 맞출 수 있다.
- 물녹말을 풀 때는 탕이 끓은 뒤에 불을 끄고 넣어야 물녹말이 덩어리지는 것을 방지할 수 있다. 물녹말을 넣은 뒤 다시 한 번 끓여서 녹말을 익히고, 다시 불을 끈 후 달걀을 골고루 펴서 넣어 저은 뒤 다시 불을 붙이면 달걀이 꽃이 피는 모양이 된다.
- 계속해서 끓이거나 달걀을 더 넣고 젓게 되면 탕이 혼탁해진다.

memo

시험시간
35분

증교자 蒸餃子 | zhēng jiǎo zi

증 교 자

조리법 : 蒸 칼질방법 : 末

요구사항

주어진 재료를 사용하여 '증교자'를 만드시오.

❶ 증교자의 주름은 한 방향으로 다섯 개 이상 잡으시오.
❷ 만두피는 익반죽으로 하시오.
❸ 만두길이는 7cm 정도로 하고, 6개를 만들어 접시에 담아내시오.

수험자 유의사항

❶ 만두속은 알맞게 넣어 피가 찢어지지 않게 한다.
❷ 만두피는 밀대로 밀어서 만들어야 한다.

지급재료

주재료
밀가루(중력분) 100g
돼지등심(다진 살코기) 50g

부재료
조선부추 30g
대파(흰부분 6cm 정도) 1토막
생강 5g

양 념
소금(정제염) 10g
진간장 20㎖
청주 10㎖, 참기름 5㎖
굴소스 10㎖, 검은후춧가루 5g

만드는 법

❶ 밀가루는 소금과 끓는 물로 익반죽하여 거즈로 덮어 10분 정도 숙성시킨다.
❷ 대파, 부추, 배추는 쌀알 크기로 썰고, 생강은 다져 놓는다. 배추는 소금에 절여 물에 씻어 물기를 꼭 짠다.
❸ 볼에 돼지고기 다진 것과 양념을 넣고 방망이로 한 쪽 방향으로 저어준다. 고소한 향과 흰 빛깔, 거품이 일어나면 생강을 넣고 배추, 대파, 부추의 순서로 넣어 잘 섞어준다.
❹ 반죽을 15~16g씩 떼어 여분의 밀가루를 솔솔 뿌리면서 손바닥으로 한 번 눌러준 뒤, 만두방망이로 지름 9cm 정도로 동그랗게 민다.
❺ ④의 안에 만두소 17~20g을 넣고, 초승달 모양으로 만들어 나란히 둔다.
❻ 찜통에 9분 정도 쪄서 식힌다.

전문가의 한마디
- '증교자'의 반죽은 끓는 물로 반드시 익반죽해야 한다.
- 요구 수량을 반드시 제출해야 한다.

memo

새우완자탕 蝦仁丸子湯 | xiā rén wán zi tāng

하 인 환 자 탕

시험시간 25분

조리법 : 湯 칼질방법 : 片, 泥

요구사항

주어진 재료를 사용하여 '새우완자탕'을 만드시오.

❶ 새우는 내장을 제거하고 다져서 사용하시오.
❷ 완자는 새우살과 달걀흰자, 녹말가루를 이용하여 2cm 정도 크기로 6개를 만드시오.
❸ 모든 채소는 3cm 정도 크기의 편으로 써시오.
❹ 국물은 맑게 하고, 양은 300㎖ 정도 내시오.

수험자 유의사항

❶ 완자는 새우살을 잘 치대어 부드럽게 만들어야 한다.
❷ 완자를 만들 때 손이나 수저로 하나씩 떼어서 삶아 익히도록 한다.

지급재료

주재료
작은 새우살 100g

부재료
달걀 1개, 양송이(캔) 1개
죽순 50g, 청경채 1포기

향신료
대파(흰부분 6cm 정도) 1토막
생강 5g

양 념
청주 30㎖, 소금 10g
참기름 10㎖, 녹말가루 30g
육수(또는 물) 400㎖

만드는 법

❶ 새우살은 내장을 제거하고 물기를 짠 후 곱게 다진다.
❷ 죽순, 청경채, 양송이 등 채소는 얇게 편으로 썰고, 생강은 다져놓고, 파는 송송 썰어놓는다.
❸ 곱게 다진 새우살에 달걀흰자와 녹말가루, 다진생강, 소금, 청주(약간씩)와 같이 잘 치대어준다.
❹ 팬에 육수를 붓고 끓으면 불을 약하게 조절한 뒤, 치대어놓은 새우살을 2cm 정도의 완자로 둥글게 하나씩 떼어서 놓고 끓인다.
❺ 새우완자가 익으면 여기에 썰어놓은 채소를 넣어 다시 한 번 끓여준 뒤 참기름을 넣는다.
❻ 완성된 새우완자탕을 그릇에 담아 송송 썬 파를 얹어 낸다.

전문가의 한마디

- 새우살은 곱게 다진 뒤 물기를 꼭 짜야 한다. 완자를 반죽할 때 달걀흰자를 사용하며 녹말을 충분히 넣고 식초를 몇 방울 첨가하면 좋다. 반죽한 완자는 숟가락보다는 왼손을 사용하여 만드는 연습을 하고, 반드시 완자는 끓는 물에 넣어 익혀야 한다. 완자가 물에 뜨면 건져낸다.
- 새우살을 다질 때는 칼의 면을 사용하면 좋다.

※ 완자의 모양이 곱게 나오기 위해서는 새우살을 곱게 다지는 것이 매우 중요하다.

memo

새우볶음밥 虾仁炒飯 | xiā rén chǎo fàn

하 인 소 반

시험시간 30분

조리법 : 炒 칼질방법 : 丁

요구사항

주어진 재료를 사용하여 '새우볶음밥'을 만드시오.

❶ 새우는 내장을 제거하고 데쳐서 사용하시오.

❷ 채소는 0.5cm 정도 크기의 주사위 모양으로 써시오.

❸ 완성된 볶음밥은 질지 않게 하여 전량 제출하시오.

수험자 유의사항

❶ 밥은 질지 않게 짓도록 한다.

❷ 밥과 재료는 볶아 보기 좋게 담아 낸다.

지급재료

주재료
쌀(30분 정도 불린쌀) 150g
작은 새우살 30g, 달걀 1개

부재료
양파(중 150g 정도) 1/6개
대파(흰부분 6cm 정도) 1토막
당근 20g
청피망(중 75g 정도) 1/3개

양 념
식용유 30㎖, 소금 5g
흰후춧가루 5g

만드는 법

❶ 불린쌀 150g을 깨끗이 씻어 물의 양을 조절하여 밥을 짓는다.(질지 않아야 하고, 타지 않아야 한다.)
❷ 채소는 깨끗이 씻어 물기를 제거한다. 양파, 대파, 당근, 청피망은 0.5cm 크기의 주사위 모양(丁)으로 썰어 준비한다.
❸ 달걀은 깨서 흰자와 노른자를 골고루 섞어 휘저어 준비한다.
❹ 새우는 내장을 제거한 뒤, 데쳐서 준비한다.
❺ 코팅한 팬에 식용유를 넣고, ③의 계란을 넣고, 국자로 저어 볶으면서 밥을 넣고 볶는다.
❻ 손질한 채소 ②를 넣어 골고루 섞어가며 볶아준다. 소금으로 간을 한다.
❼ 내장을 제거한 데친 새우 ④를 넣어 골고루 볶아 흰후춧가루를 넣고 완성한 뒤, 접시에 담아 낸다.

전문가의 한마디

- 볶음밥을 할 때 달걀이 완전히 익지 않은 상태에서 밥을 넣고, 밥에 달걀옷을 골고루 입혀 주어서 볶는 것이 중요한 포인트이다.
- 대파의 경우 잘게 다져서 준비하면 대파의 향을 낼 수 있다. 자격증시험의 경우 요구사항에 0.5cm 크기로 하라는 요구가 있으므로 제시한 사항을 따른다.
- 볶음밥에 사용되는 밥은 약간 고슬고슬한 정도의 밥이 적당하다. 밥이 너무 될 경우, 물을 조금 넣어 볶는 것도 좋은 방법이다.

memo

탕수생선살 糖醋魚塊 | táng cù yú kuài

탕 초 어 괴

시험시간 30분

조리법 : **炸, 糖醋** 칼질방법 : **塊**

요구사항

주어진 재료를 사용하여 '탕수생선살'을 만드시오.

❶ 생선살은 1cm×4cm 크기로 썰어 사용하시오.

❷ 채소는 편으로 썰어 사용하시오.

수험자 유의사항

❶ 튀긴 생선은 바삭함이 유지되도록 한다.

❷ 소스 녹말가루 농도에 유의한다.

지급재료

주재료

흰생선살 껍질 벗긴 것(동태 또는 대구) 150g

부재료

당근 30g

오이(가늘고 곧은 것, 20cm 정도) 1/6개

파인애플(통조림) 1쪽

건목이버섯 2개

녹말가루(감자전분) 100g

달걀 1개, 완두콩 20g

양 념

백설탕 100g, 식초 60mℓ

진간장 30mℓ, 육수 300mℓ

식용유 600mℓ

만드는 법

❶ 생선살은 물기를 제거하고 1cm×4cm의 크기로 썰어서, 녹말가루와 달걀흰자를 넣고 잘 버무려 기름에 바삭하게 튀겨준다.

❷ 채소는 편으로 썰어 준비한다.

❸ 팬에 육수, 간장, 식초, 설탕을 넣고 끓인다.

❹ 썰어놓은 채소를 넣고 끓으면, 물전분을 풀어서 걸쭉하게 한다.

❺ 튀겨놓은 생선살을 같이 넣고 빠르게 잘 버무린다. 또는 접시에 튀겨놓은 생선살을 놓고 소스를 끼얹어 낸다.

전문가의 한마디

• 진간장을 너무 많이 넣으면 소스의 맛과 향이 모두 떨어진다. 5mℓ 이내가 적당하다.

memo

새우케첩볶음 蕃茄蝦仁 | fán qié xiā rén

번 가 하 인

시험시간 **25**분

조리법 : 炒 칼질방법 : 小片

요구사항

주어진 재료를 사용하여 '새우케첩볶음'을 만드시오.

❶ 새우 내장을 제거하시오.

❷ 당근과 양파는 1cm 정도의 크기로 사각으로 써시오.

수험자 유의사항

❶ 튀긴 새우는 타거나 설익지 않도록 한다.

❷ 녹말가루 농도에 유의해야 한다.

지급재료

주재료
새우살(내장이 있는 것) 200g

부재료
완두콩 10g, 달걀 1개
당근(길이로 썰어서) 30g
양파(150g 정도) 1/4개

향신료
대파(흰부분 6cm 정도) 1토막
생강 5g

양 념
소금(정제염) 2g, 백설탕 10g
녹말가루(감자전분) 100g
청주 30㎖, 밀가루 80g
식용유 800㎖, 진간장 15㎖

소 스
토마토케첩 50g
육수(또는 물) 100㎖

기 타
이쑤시개 1개

만드는 법

❶ 양파와 당근을 준비한다.
❷ 대파는 1cm 크기의 사각으로 편으로 썰고, 생강은 곱게 다져 준비한다.
❸ 달걀과 물녹말을 사용하여 튀김반죽을 되직하게 만들고, 튀김기름을 준비한다.
❹ 새우는 이쑤시개를 사용하여 내장을 제거한 후 물기를 제거하고 청주를 뿌린다.
❺ ④의 새우에 ③의 튀김반죽을 넣어 150℃의 온도에 한 마리씩 넣어 붙지 않게 튀겨 건진 뒤, 기름이 160℃ 정도가 되었을 때 한 번 더 튀겨낸다.
❻ 달구어진 팬에 기름을 두르고 청주, 대파, 생강을 넣은 뒤 채소를 넣어 볶다가 토마토케첩 50g, 육수 100㎖, 백설탕 10g을 넣고 소금 소량, 진간장 소량을 넣어 간을 한다.
❼ 소스가 끓으면 불을 끄고 녹말을 푼 뒤에, 튀긴 새우와 완두콩을 넣고 살짝 버무려서 접시에 담아 낸다.

전문가의 한마디

- 반죽 농도가 너무 묽거나 되지 않게 한다.
- 새우는 반드시 두 번 튀겨야 바삭해진다.
- 튀김온도가 150℃ 정도에서 새우를 하나씩 넣어 튀겨야 달라붙지 않는다.
- 온도가 너무 낮아도 달라붙게 된다.

memo

깐풍기 乾烹鷄 | gān pēng jī

건 팽 계

시험시간 30분

조리법 : 乾烹 칼질방법 : 塊, 末

요구사항

주어진 재료를 사용하여 '깐풍기'를 만드시오.

❶ 닭은 뼈를 발라낸 후 사방 3cm 정도의 사각형으로 써시오.

❷ 닭을 튀기기 전에 튀김옷을 입히시오.

수험자 유의사항

❶ 프라이팬에 소스와 혼합할 때 타지 않도록 해야 한다.

❷ 잘게 썬 채소의 비율이 동일해야 한다.

지급재료

주재료
닭다리(중닭 1,200g) 1개

부재료
달걀 1개, 홍고추(생) 1개
청피망(75g 정도) 1/2개

향신료
대파(흰부분 6cm 정도) 2토막
마늘(깐 것) 3쪽, 생강 5g

양 념
청주 15㎖,
녹말가루(감자전분) 100g
진간장 15㎖, 식초 15㎖
백설탕 15g, 육수(또는 물) 45㎖
검은후춧가루 1g, 참기름 5㎖
식용유 800㎖
소금(정제염) 10g

만드는 법

❶ 홍고추와 청피망은 0.5cm×0.5cm 크기로 잘게 썰어 준비한다.
❷ 대파는 잘게 썰고, 마늘과 생강은 다져 준비한다.
❸ 육수 45㎖, 진간장 15㎖, 식초 15㎖, 백설탕 15g, 소금 10g을 넣고 소스를 미리 만들어 준비한다.
❹ 녹말과 달걀로 튀김반죽을 만들고, 튀김기름을 준비한다.
❺ 닭고기는 뼈를 발라내어 3cm 정도 크기로 썰어 소금, 청주, 후추로 밑간을 한다.
❻ ⑤의 닭고기에 튀김반죽을 살짝 버무려 160℃의 온도에서 한 번 튀겨낸 뒤, 170℃의 온도에서 다시 한 번 튀겨 바삭하게 한다.
❼ 코팅한 팬에 식용유를 두르고 대파, 생강, 마늘을 넣고 향을 낸 뒤에 홍고추와 청피망을 넣고 볶아 미리 준비한 소스를 넣어 살짝 끓인다.
❽ ⑥의 튀겨낸 닭고기를 넣고 재빨리 버무린다. 참기름을 조금 넣어 접시에 담아 낸다.

전문가의 한마디

- 일반적으로 깐풍기는 건고추와 고추기름이 사용되나, 기능사실기시험 지급목록에 없다는 점을 유의하기 바란다.
- 깐풍이라는 조리법에는 소스가 주재료에 스며들어야 하며, 녹말로 농도처리를 하지 않는 것을 유의해야 한다.

memo

라조기 辣椒鷄 | là jiāo jī

랄 초 계

시험시간 **30**분

조리법 : **炒** 칼질방법 : **條**

요구사항

주어진 재료를 사용하여 '라조기'를 만드시오.

❶ 닭은 뼈를 발라낸 후 5cm×1cm 정도의 길이로 써시오.

❷ 채소는 5cm×2cm 정도의 길이로 써시오.

수험자 유의사항

❶ 소스 농도에 유의한다.

❷ 채소색이 퇴색되지 않도록 한다.

지급재료

주재료
닭다리(중닭 1,200g) 1개

부재료
달걀 1개, 녹말가루(감자전분) 100g
홍고추(건) 1개
건표고버섯(지름 5cm 정도, 물에 불린 것) 1개
죽순 50g, 양송이(캔) 1개
청경채 1포기
청피망(75g 정도) 1/3개

향신료
대파(흰부분 6cm 정도) 2토막
마늘(깐 것) 1쪽, 생강 5g

양 념
청주 15㎖, 진간장 30㎖
소금(정제염) 5g, 후춧가루 1g
고추기름 10㎖, 참기름 약간
육수(또는 물) 200㎖
식용유 900㎖

만드는 법

❶ 건고추는 마름모꼴로 잘라 준비한다.
❷ 청피망, 표고버섯, 죽순, 청경채는 5cm×2cm 편으로 썰어 준비한다.
❸ 대파, 마늘, 생강은 편으로 썰어둔다.
❹ 물녹말과 소금, 달걀을 섞어 튀김반죽을 준비한다. 튀김기름도 준비해 둔다.
❺ 닭고기는 뼈를 발라 5cm×1cm 정도로 썰어 소금, 청주, 후추로 밑간을 한다.
❻ 닭고기에 튀김반죽을 살짝 버무려 160℃의 온도에 튀겨낸 뒤, 건져 내어 170℃ 온도에서 다시 한 번 튀긴다.
❼ 팬을 코팅한 뒤 고추기름 10㎖을 넣고, ①의 건고추를 넣고 ③의 향신료를 넣어 향을 낸 뒤, 청주와 진간장을 넣고 ②의 부재료를 넣고 살짝 볶은 뒤 육수 200㎖을 넣고 간을 한 후 후추를 넣는다.
❽ ⑥의 튀긴 닭고기를 넣고 살짝 조린 뒤 녹말로 농도를 맞춘다. 참기름으로 향을 내어 마무리한다.

전문가의 한마디

• 튀김반죽 시 밀가루를 약간 첨가하면 좋다.

memo

난자완스 腩煎丸子 | nǎn jiān wán zǐ

남 전 환 자

시험시간 **25**분

조리법 : 煎 칼질방법 : 片

요구사항

주어진 재료를 사용하여 '난자완스'를 만드시오.

❶ 완자는 직경 4cm 정도로 둥글고 납작하게 만드시오.

❷ 채소는 4cm 정도 크기의 편으로 써시오.(단, 대파는 3cm 정도의 크기)

수험자 유의사항

❶ 완자는 갈색이 나도록 해야 한다.

❷ 소스 녹말가루 농도에 유의한다.

지급재료

주재료
돼지등심(다진 살코기) 200g

부재료
건표고버섯(5cm 정도, 물에 불린 것) 2개
죽순 50g, 청경채 1포기
달걀 1개

향신료
대파(흰부분 6cm 정도) 1토막
마늘(깐 것) 2쪽, 생강 5g

양 념
진간장 15㎖, 청주 20㎖
참기름 5㎖, 소금(정제염) 3g
검은후춧가루 1g
육수(또는 물) 200㎖
녹말가루(감자전분) 100g
식용유 800㎖

만드는 법

❶ 청경채, 표고버섯 등은 4cm 정도의 편으로 썰어 준비한다.
❷ 대파 3cm 크기의 편, 마늘은 편, 생강은 곱게 다져 준비한다.
❸ 돼지고기를 곱게 다진 후 녹말, 달걀, 소금, 후추를 넣고 간을 맞춰 반죽하여 4cm 정도의 둥글납작한 모양으로 갈색이 나게 지진다.
❹ 뜨겁게 달군 팬에 식용유를 두르고 대파, 마늘, 생강을 볶다가 청주, 간장으로 색을 내고 채소를 넣고 다시 볶는다.
❺ 육수 500㎖ 정도를 넣고 소금으로 간을 한 다음, 튀긴 완자를 넣고 조린 후 물녹말로 농도를 조절하고 참기름을 넣어 접시에 담아 낸다.

전문가의 한마디

- 완자를 만들기 전에 재료를 충분히 섞어주어야 고기가 부드러워지고 양념이 골고루 스며든다.
- 건표고버섯과 청경채, 죽순이 지급된다.

memo

경장육사 京醬肉絲 | jīng jiàng ròu sī

경 장 육 사

시험시간 30분

조리법 : 炒 칼질방법 : 絲

요구사항

주어진 재료를 사용하여 '경장육사'를 만드시오.

❶ 돼지고기는 길이 5cm 정도의 얇은 채로 써시오.

❷ 춘장은 기름에 볶아서 사용하시오.

❸ 대파채의 길이는 5cm 정도로 어슷하게 채 썰어, 매운맛을 빼고 접시 위에 담으시오.

수험자 유의사항

❶ 돼지고기채는 고기의 결을 따라 썰도록 한다.

❷ 짜장소스는 죽순채, 돼지고기채와 함께 잘 섞어져야 한다.

지급재료

주재료
돼지등심(살코기) 150g

부재료
죽순 100g
대파(흰부분 6cm 정도) 3토막

향신료
마늘(깐 것) 1쪽, 생강 5g

양 념
진간장 30㎖, 청주 30㎖
식용유 300㎖, 춘장 50g
백설탕 30g, 달걀 1개
녹말가루(감자전분) 50g
육수(또는 물) 30㎖
굴소스 30㎖, 참기름 5㎖

만드는 법

❶ 대파는 가늘게 채 썰어 찬물에 10분간 담갔다가 건져 물기를 제거하고, 생강도 채 썰어 준비한다.
❷ 돼지고기를 5cm 길이로 가늘게 채 썰고, 청주로 밑간을 한 후 달걀흰자와 물녹말을 넣어 버무려 놓는다.
❸ 팬에 고기가 잠길 정도의 식용유에 고기를 튀기듯이 살짝 익혀 준비한다.
❹ 죽순은 채썰고, 춘장을 볶아둔다.
❺ 팬에 식용유를 두르고 마늘, 생강, 대파를 넣고 볶다가 진간장, 청주를 넣고 죽순채를 넣어 볶다가 돼지고기, 육수, 양념을 넣고 함께 볶다가 물녹말로 농도를 맞춘다.

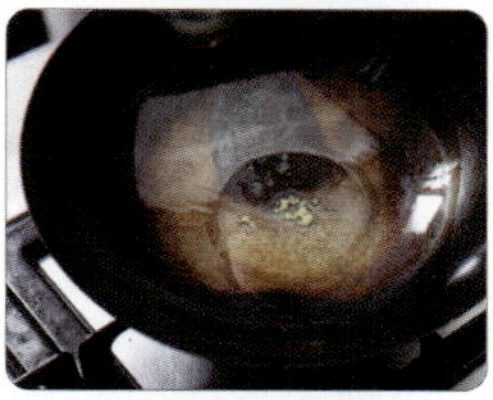

전문가의 한마디

- 중국에서는 두부피와 함께 싸서 먹는 게 일반적이다.
- 기능사시험이니만큼 주어진 재료에 입각하여 완성도 높은 작품을 제출한다.
- 짜장소스의 색깔과 녹말농도에 유의해야 한다.

memo

시험시간 30분

탕수육 糖醋肉 | táng cù ròu

탕 초 육

조리법 : 炸糖醋 칼질방법 : 條, 片

요구사항

주어진 재료를 사용하여 '탕수육'을 만드시오.

❶ 돼지고기의 길이를 4cm 정도, 두께는 1cm 정도의 긴 사각형 크기로 써시오.
❷ 채소는 편으로 써시오.
❸ 튀김은 앙금녹말을 만들어서 사용하시오.

수험자 유의사항

❶ 소스 녹말가루 농도에 유의한다.
❷ 맛은 시고 단맛이 동일해야 한다.

지급재료

주재료
돼지등심(살코기) 200g

부재료
건목이버섯 2개
양파(150g 정도) 1/4개
당근(길이로 썰어서) 30g
오이(20cm 정도) 1/10개
완두 15g, 달걀 1개
녹말가루(감자전분) 100g
대파(흰부분 6cm 정도) 1토막

양 념
청주 15㎖, 진간장 15㎖
식용유 800㎖

소 스
육수(또는 물) 200㎖
백설탕 30g, 진간장 15㎖
식초 50㎖

만드는 법

❶ 오이, 당근, 양파, 피망은 편으로 썰고, 목이버섯은 불려 손으로 찢어놓는다.
❷ 대파는 굵은 채로 준비하고, 생강은 다져 준비한다.
❸ 돼지고기는 길이 4cm, 두께 1cm 정도의 긴 사각형으로 썰어 생강즙, 진간장, 청주로 밑간을 한다.
❹ 감자전분은 물을 이용하여 앙금녹말을 만든다.
❺ ③의 돼지고기를 앙금녹말, 달걀에 잘 버무린 후, 160℃의 기름에 한 번 튀겨낸 뒤 건져내어 고기를 살짝 두드려 속에 있는 수분을 제거한 뒤, 170℃의 기름에 한 번 더 튀긴다.
❻ 팬에 기름을 두르고 대파를 살짝 볶은 후, 육수 200㎖를 넣고 채소와 식초, 설탕, 소금을 넣어 끓인 후 물녹말을 넣어 농도를 맞춘다.
❼ 튀긴 돼지고기를 소스와 재빠르게 버무려낸 뒤, 접시에 보기 좋게 담는다.

전문가의 한마디

- 160℃에서 튀긴 후 건져내어 수분을 살짝 제거한 뒤, 170℃에서 한 번 더 튀겨낸다.
- 채소색이 변하지 않게 팬이 충분히 달궈진 후에 기름을 두르고 당근, 양파, 오이, 목이버섯, 완두 순으로 볶는다.
- 튀김기름의 온도를 튀김옷을 약간 뿌려 확인해 본다.
- 소스를 미리 만들어놓는 것도 좋은 방법이다.
- 소스를 바로 만들 때 식초를 먼저 넣고 하면 더 부드럽다.

memo

홍쇼두부 紅燒豆腐 | hóng shāo dòu fu

홍 소 두 부

시험시간 30분

조리법 : **紅燒, 炸** 칼질방법 : **片**

요구사항

주어진 재료를 사용하여 '홍쇼두부'를 만드시오.

❶ 두부는 사방 5cm, 두께 1cm 정도의 삼각형 크기로 써시오.

❷ 두부는 하나씩 붙지 않게 잘 튀겨내고, 채소는 편으로 써시오.

수험자 유의사항

❶ 두부가 으깨지지 않게 갈색이 나도록 해야 한다.

❷ 녹말가루의 농도에 유의해야 한다.

지급재료

주재료
두부 150g
돼지등심(살코기) 50g

부재료
건표고버섯(지름 5cm 정도, 물에 불린 것) 2개
죽순 30g, 청경채 1포기
양송이 2개, 홍고추(생) 1개

향신료
대파(흰부분 6cm 정도) 1토막
마늘(깐 것) 3쪽, 생강 5g

양 념
진간장 15㎖
녹말가루(감자전분) 10g
식용유 300㎖, 청주 5㎖
참기름 5㎖
육수(또는 물) 100㎖

만드는 법

❶ 주어진 부재료는 두부의 크기에 맞추어 편으로 썰어 준비한다.
❷ 대파는 1/4로 하여 3cm 길이로 썰고, 마늘, 생강은 편으로 썰어 준비한다.
❸ 주재료인 두부는 5cm, 두께 1cm 정사각형으로 자른 뒤 삼각형으로 잘라 준비한다.
❹ 돼지고기는 얇게 편으로 썰어 간장, 청주로 밑간을 하여 달걀흰자와 녹말로 잘 버무려 기름에 살짝 익힌다.
❺ 튀김팬에 기름이 120℃ 정도 될 때 두부를 하나씩 집어넣고, 온도를 서서히 높여가며 튀긴다.(두부를 넣고 절대 젓지 않는다. 두부가 기름 위에 뜰 때 건져낸다.)
❻ 팬에 대파, 마늘, 생강을 살짝 볶은 후 간장, 청주를 넣어 향을 낸다. 채소를 넣어 살짝 볶다가 육수를 붓고 끓으면 튀긴 두부와 돼지고기를 넣어준다.
❼ 육수가 끓으면 물녹말을 넣으면서 농도를 걸쭉하게 맞춘 뒤, 참기름을 살짝 넣어 마무리한다.

전문가의 한마디

- 두부를 튀길 때는 너무 높은 온도나 너무 낮은 온도에서 넣는 것을 삼간다.
- 120℃ 정도에서 시작하여 기름온도를 서서히 높여 기름 위에 뜨면 건져낸다.
- 튀김기름에 두부를 넣고 절대 젓지 않는다. 익기 전에 젓게 되면 서로 달라붙게 된다.
- 튀김기름에 이물질이 없는 깨끗한 상태인지를 확인한다.
- 설탕을 약간 첨가하면 맛이 좋아진다.

memo

시험시간 25분

마파두부 麻婆豆腐 | má pó dòu fu

마 파 두 부

조리법 : 炒, 燒 칼질방법 : 丁, 末

요구사항

주어진 재료를 사용하여 '마파두부'를 만드시오.

❶ 두부는 1.5cm 정도의 주사위 모양으로 써시오.

❷ 두부가 차갑지 않게 하시오.

수험자 유의사항

❶ 두부가 으깨어지지 않아야 한다.

❷ 녹말가루 농도에 유의해야 한다.

지급재료

주재료
두부 150g
돼지등심(다진 살코기) 50g

부재료
홍고추(생) 1개

향신료
대파(흰부분 6cm 정도) 1토막
마늘(중, 깐 것) 2쪽, 생강 5g

양　념
고춧가루 15g, 두반장 10g
진간장 10㎖, 백설탕 5g
녹말가루(감자전분) 15g
참기름 5㎖, 검은후춧가루 5g
식용유 20㎖
육수(또는 물) 100㎖

만드는 법

❶ 홍고추는 속껍질을 제거하고 0.5cm×0.5cm 크기의 사각형으로 썰어 준비한다.
❷ 대파, 마늘, 생강은 잘게 썰어 준비한다.
❸ 두부는 1.5cm 정도 크기의 주사위 모양으로 썰어 그릇에 담고, 끓는 물에 담가 준비해 놓는다.
❹ 돼지고기는 곱게 다져 준비한다.
❺ 팬에 식용유와 고춧가루를 넣어 약한 불에서 저어가며 끓이다가 면보에 걸러 고추기름을 만든다.
❻ 팬에 고추기름을 두르고 ④의 돼지고기를 볶다가 ②의 향신료를 넣고 청주, 진간장, 두반장을 넣고 ①의 부재료를 넣어 볶은 다음, 육수(물)를 넣고 간을 한다.
❼ ⑥의 소스에 ③의 두부 물기를 빼고 넣어 살짝 조린 뒤 물녹말을 풀어 농도를 맞춘다.
❽ 이 때 팬을 시계방향으로 돌리면서 골고루 섞어주고, 고추기름과 참기름으로 마무리한 후 접시에 담아 낸다.

전문가의 한마디

- 고춧가루가 주어지면 고추기름을 만들어 사용한다. 그릇에 고춧가루를 담고 180℃ 정도의 기름을 부어 10분 정도 시간이 지나면 고추기름이 만들어진다.
- 두부는 잘라서 끓는 물을 부어 미리 데워 준비해야 한다.
- 두부가 으깨지지 않도록 시계방향으로 돌려주어야 한다.

※ 중국에서는 마파두부를 접시에 담지 않고 볼(중국식 공기밥그릇)에 담아 내는 것이 일반적이다.

memo

시험시간 35분

짜춘권 炸春捲 | zhá chūn juǎn

작 춘 권

조리법 : 炸 칼질방법 : 絲

요구사항

주어진 재료를 사용하여 '짜춘권'을 만드시오.

❶ 작은 새우를 제외한 채소는 길이 4cm 정도로 써시오.

❷ 지단말이를 할 때는 지름 3cm 정도 크기의 원통형으로 하시오.

❸ 짜춘권은 길이 3cm 정도의 크기로 8개를 만드시오.

수험자 유의사항

❶ 새우의 내장을 제거해야 한다.

❷ 타지 않게 튀겨 썰어내야 한다.

지급재료

주재료
돼지등심(살코기) 50g
작은 새우살(내장 있는 것) 30g
건해삼(불린 것) 20g, 양파 1/2개
조선부추 30g
건표고버섯(지름 5cm 정도, 물에 불린 것) 2개
죽순 20g

부재료
달걀 2개, 밀가루(중력분) 20g

향신료
대파(흰부분 6cm 정도) 1토막
생강 5g

양 념
청주 20㎖
녹말가루(감자전분) 15g
식용유 800㎖
소금(정제염) 2g, 진간장 10㎖
참기름 5㎖, 검은후춧가루 2g

만드는 법

❶ 죽순, 대파, 표고버섯, 양파, 당근, 부추는 4cm 길이로 썰고, 대파는 가는 채, 생강은 곱게 다져 준비한다.
❷ 돼지고기는 채썬다.
❸ 불린 건해삼채, 새우는 이쑤시개로 등쪽에서 내장을 제거하고 끓는 물에 데친다.
❹ 달걀은 잘 풀고 물녹말과 소금을 넣어 지단을 부친다.
❺ 밀가루물을 준비한다.
❻ 팬에 기름을 두르고 돼지고기를 넣어 볶다가 생강, 대파를 넣고 볶는다. 간장, 청주를 넣어 향을 내고 새우, 해삼, 표고, 죽순을 넣어 볶다가 간을 한 후, 부추를 넣고 참기름을 넣는다. 접시에 담아 빨리 식히되 물기가 빠지도록 비스듬히 둔다.
❼ ④의 지단 위에 볶아놓은 재료를 얹어 직경 3cm 정도의 원통 모양으로 말고, 끝부분에 밀가루물을 발라 접착시킨다.
❽ 기름온도 160℃로 약간 낮게 하여 타지 않도록 노랗게 튀겨낸 다음, 한 입에 먹을 수 있도록 2.5~3cm 길이로 썰어 담는다.

전문가의 한마디

- 달걀지단을 부칠 때는 팬 코팅을 한 뒤에 키친타월로 깨끗하게 닦아 기름이 흐르지 않아야 하고, 온도에 주의한다.
- 충분한 연습이 필요하므로 반복하여 숙달시킨다.

memo

양장피잡채 炒肉兩張皮 | chǎo ròu liǎng zhāng pí

초 육 양 장 피

시험시간 35분

조리법 : 炒 칼질방법 : 絲

요구사항

주어진 재료를 사용하여 '양장피잡채'를 만드시오.

❶ 양장피는 사방 4cm 정도로 써시오.

❷ 고기와 채소는 5cm 정도의 길이로 채를 써시오.

❸ 겨자는 숙성시켜 사용하시오.

수험자 유의사항

❶ 접시에 담아낼 때 모양에 유의해야 한다.

❷ 볶음재료와 볶지 않는 재료의 분별에 유의해야 한다.

지급재료

주재료

양장피 1/2장

부재료

갑오징어(오징어 대체 가능) 50g
건해삼(불린 것) 60g
새우살(소) 50g
돼지등심(살코기) 50g, 양파 1/2개
조선부추 30g, 건목이버섯 3개
당근(길이로 썰어서) 30g
오이 1/3개, 달걀 1개

양 념

소금(정제염) 3g, 진간장 5㎖
식용유 20㎖, 육수(또는 물) 30㎖

소 스

겨자 10g, 백설탕 30g
식초 50㎖, 참기름 5㎖

만드는 법

❶ 물을 끓여 겨자와 반죽하고, 따뜻한 곳에서 10분 이상 발효시킨다. 발효된 뒤 식초, 백설탕, 진간장으로 소스를 만들어 준비한다.
❷ 끓는 물을 양장피에 부어 불린 뒤 4cm 길이로 잘라 놓는다. 참기름에 살짝 버무려 접시에 돌려 담는다.
❸ 새우는 내장을 제거하고 해삼, 오징어는 채썰어 데친 후, 물기를 제거한 후 접시에 돌려 담는다.
❹ 달걀은 황·백으로 나눠 지단을 부쳐 채썰고, 접시에 돌려 담는다.
❺ 오이는 5cm 길이로 채썰어 접시에 가지런히 돌려 담는다. 당근은 편을 썰어 끓는 물에 살짝 데친 뒤에 5cm 길이로 채썰어 접시에 가지런히 돌려 담는다.
❻ 대파는 채썰어 준비하고 표고버섯, 양파, 죽순채, 목이버섯, 부추도 채썰어 준비한다.
❼ 돼지고기는 5cm 길이로 채썰어 소금, 청주로 밑간을 한다.
❽ 팬에 기름을 두르고 돼지고기를 볶다가 진간장을 넣어 향을 내고 양파, 목이버섯, 부추를 넣고 간을 하여 볶아 담아 완성하고, 일부는 겨자소스를 뿌려 낸다.

전문가의 한마디

- 겨자는 끓는 물을 넣어 반죽한 뒤 따뜻한 곳에서 발효시켜야 겨자 고유의 향을 살릴 수 있다.
- 접시에 담을 때 재료의 색깔을 고려하여 좌·우·상·하 대칭이 되게 담아야 색의 조화를 이룰 수 있다.

※ 재료의 가짓수가 많기 때문에 순서를 잘 고려하는 것이 중요하다.

memo

고추잡채 靑椒肉絲 | qīng jiāo ròu sī

청 초 육 사

시험시간 25분

조리법 : 炒 칼질방법 : 絲

요구사항

주어진 재료를 사용하여 '고추잡채'를 만드시오.

❶ 주재료 피망과 고기는 5cm 정도의 채로 써시오.

❷ 고기에 초벌 간을 하시오.

수험자 유의사항

❶ 팬을 완전히 달구고, 기름을 둘러 범랑처리(코팅)를 해야 한다.

❷ 피망의 색깔이 선명하도록 너무 볶지 말아야 한다.

지급재료

주재료
돼지등심(살코기) 100g
청피망(75g 정도) 1개

부재료
건표고버섯(지름 5cm 정도, 물에 불린 것) 2개
죽순 30g, 양파(150g 정도) 1/2개
달걀 1개, 녹말가루(감자전분) 15g

양 념
소금(정제염) 5g, 참기름 5㎖
식용유 45㎖, 청주 5㎖
진간장 15㎖

만드는 법

❶ 피망, 양파, 대파, 죽순, 표고버섯을 5cm 길이로 채 썰어 준비한다.
❷ 고기는 얇게 저민 후 결방향으로 5cm 길이로 채썰어 진간장, 후추, 생강, 청주를 넣고 초벌 간을 하여, 달걀과 녹말을 넣어 잘 버무린 다음, 기름에 데쳐둔다.
❸ 팬에 기름을 두르고 양파, 간장, 청주를 넣고 채썬 채소를 넣은 다음, 소금으로 간하고 튀긴 고기를 넣어 볶는다.
❹ 참기름을 두르고 접시 중앙에 소복하게 담는다.

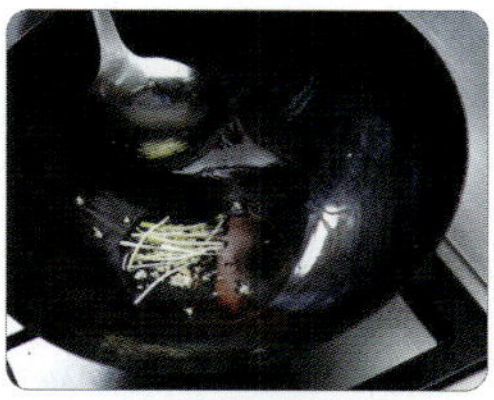

전문가의 한마디

• 향신료인 대파와 마늘, 생강이 들어가는 것이 일반적이나, 지급목록에 빠져 있으므로 첨가하지 않아도 무방하다.

memo

부추잡채 炒韮菜 | chǎo jiǔ cài
초 구 채

시험시간 **20**분

조리법 : 炒 칼질방법 : 絲

요구사항

주어진 재료를 사용하여 '부추잡채'를 만드시오.

❶ 부추는 6cm 길이로 써시오.

❷ 고기는 0.3cm×6cm 길이로 써시오.

수험자 유의사항

❶ 채소의 색이 퇴색되지 않도록 해야 한다.

지급재료

주재료

중국부추(호부추) 150g
돼지등심(살코기) 50g

부재료

달걀 1개

양 념

참기름 5㎖
소금(정제염) 5g
녹말가루(감자전분) 30g
청주 15㎖, 식용유 30㎖

만드는 법

❶ 부추는 6cm 길이로 썰고, 흰부분과 녹색부분으로 구분하여 담는다. 그 위에 소금을 뿌려 미리 간을 해놓는다.

❷ 돼지고기는 6cm×0.3cm로 얇게 썰어 소금, 청주로 초벌간을 한 다음, 달걀흰자와 녹말을 넣고 버무려 기름에 익혀 준비한다.

❸ 달구어진 팬에 기름을 두르고 청주를 넣고 ①의 밑간한 부추의 흰색부분을 볶다가 녹색부분을 나중에 넣고, ②의 돼지고기를 넣고 골고루 섞어 볶은 다음 참기름을 넣어 완성한다.

전문가의 한마디

• 부추는 반드시 흰색부분과 녹색부분으로 구분하여 담고, 밑소금 간을 해놓으면 완성도 있는 요리를 할 수 있다.
• 조리시간이 2분을 넘지 않아야 부추의 색과 향을 충분히 살릴 수 있다.
• 돼지고기요리이므로 생강을 첨가하는 것이 일반적이나, 지급목록에 빠져 있으므로 넣지 않아도 무방하다.

※ 팬을 뜨겁게 달군 뒤, 흰색부분을 볶다가 녹색부분을 넣고 빠른 시간 내에 부추를 볶아내는 것이 중요한 포인트이다.

memo

채소볶음 炒素菜 | chǎo sù cài

초 소 채

시험시간 25분

조리법 : 炒 칼질방법 : 片

요구사항

주어진 재료를 사용하여 '채소볶음'을 만드시오.

❶ 모든 채소는 길이 4cm 정도의 편으로 써시오.
❷ 대파, 마늘, 생강을 제외한 모든 채소는 끓는 물에 살짝 데쳐 사용하시오.

수험자 유의사항

❶ 팬에 붙거나 타지 않게 볶아야 한다.
❷ 재료에서 물이 흘러나오지 않게 색을 살려야 한다.

지급재료

주재료

청경채 1개
당근(길이로 썰어서) 50g
죽순 30g, 청피망(75g 정도) 1/3개
건표고버섯(지름 5cm 정도, 물에 불린 것) 2개
샐러리 30g, 양송이 2개
녹말가루(감자전분) 20g

향신료

대파(흰부분 6cm 정도) 1토막
마늘(깐 것) 1쪽, 생강 5g

양 념

소금(정제염) 5g, 흰후춧가루 2g
청주 5㎖, 참기름 5㎖
식용유 45㎖, 진간장 5㎖
육수(또는 물) 50㎖

만드는 법

❶ 청경채, 양파, 당근, 죽순, 표고버섯, 피망 등은 편으로 썰어 끓는 물에 데쳐 준비한다.

❷ 대파는 반으로 썬 후, 4cm 정도 편으로 썰고, 마늘, 생강은 편으로 썰어 준비한다.

❸ 팬에 기름을 두르고 뜨겁게 대파, 마늘, 생강을 볶다가 간장, 청주를 넣고 ①의 준비한 야채를 넣어 잠깐 볶다가 육수, 소금을 넣어 간을 한다.

❹ 물녹말을 넣어 농도를 맞추고 참기름으로 마무리한다.

전문가의 한마디

- 여러 가지 채소의 향을 잘 살려 요리하는 것이 중요하다.
- 육수의 양이 너무 많지 않아야 한다.
- 재료의 표면에 살짝 묻어 있는 정도면 충분하다.
- 음식의 간은 소금으로 하고, 진간장이 너무 많이 들어가 색이 진해지고 진간장 향이 많이 나는 것에 주의해야 한다.

memo

물만두 水餃子 | shuǐ jiǎo zi

수 교 자

시험시간 35분

조리법 : 煮 칼질방법 : 末, 泥

요구사항

주어진 재료를 사용하여 '물만두'를 만드시오.

❶ 만두피는 찬물에 반죽하시오.

❷ 만두피의 크기는 직경 6cm 정도로 하시오.

❸ 만두는 8개를 만드시오.

수험자 유의사항

❶ 만두의 속은 알맞게 넣어서 피가 찢어지지 않게 해야 한다.

❷ 만두피는 밀대로 밀어서 만들어야 한다.

지급재료

주재료

돼지등심(살코기) 50g

부재료

밀가루(중력분) 100g
조선부추 30g

향신료

대파(흰부분 6cm 정도) 1토막
생강 5g

양 념

소금(정제염) 10g
진간장 10㎖, 검은후춧가루 3g
청주 5㎖, 참기름 5㎖

만드는 법

❶ 밀가루에 소금을 넣고, 찬물을 넣어 반죽하여 마르지 않게 비닐봉지에 넣고 숙성시킨다.(10분 정도)
❷ 부추는 0.3cm로 잘게 썰고, 대파와 생강은 다진다.
❸ 돼지고기를 잘게 다진 뒤 청주, 진간장, 소금, 생강, 후추를 넣고 잘 섞어준다.
❹ ③의 돼지고기를 잘 섞어준 다음, ②의 채소를 넣고 골고루 섞어 만두소를 준비한다.
❺ ①의 만두피 반죽을 꺼내 글루텐이 형성되도록 치대어 둥글게 만든 위에, 가래떡처럼 모양을 만들어 손으로 15g 정도의 크기로 떼어 내어 손바닥으로 눌러 준 다음 밀대로 지름 6cm 크기로 밀어서 준비한다.
❻ ⑤의 만두피에 ④의 소를 넣어 두 손으로 만두를 빚는다.
❼ 물이 끓을 때 만두를 넣고 삶는다. 찬물을 두 번 정도 끼얹어 삶아 물 위에 뜨면 찬물에 살짝 헹궈 접시에 담아 낸다.(참기름을 약간 넣는다.)

전문가의 한마디

- 물만두의 경우, 삶기 때문에 찬물로 반죽하고, 군만두나 찐만두는 찌는 경우에 끓는 물로 익반죽하는 것이 바람직하다.
- 만두반죽의 경우 밀가루와 물의 비율이 2 : 1이 적합하나, 추운 날씨에는 물의 양이 더 많이 들어가고, 더운 여름철에는 조금 적게 들어간다.
- 배추가 주어지면 소금을 뿌려 잘게 다진 뒤, 끓는 물에 살짝 데쳐 물기를 꽉 짠 뒤에 혼합하여 소를 만들면 맛이 좋다.(지급목록에 빠져 있으므로 참고만 한다.)

memo

유니짜장면 肉泥炸醬面 | ròu ní zhá jiàng miàn

육니작장면

시험시간 **30**분

조리법 : 炸, 炒 칼질방법 : 泥, 末

요구사항

주어진 재료를 사용하여 '유니짜장면'을 만드시오.

❶ 춘장은 기름에 볶아서 사용하시오.

❷ 양파, 호박은 0.5cm×0.5cm 정도 크기의 네모꼴로 써시오.

❸ 중화면은 끓는 물에 삶아 찬물에 헹군 후 데쳐 사용하시오.

❹ 삶은 면에 짜장소스를 부어 오이채를 올려 내시오.

수험자 유의사항

❶ 면이 불지 않도록 유의한다.

❷ 짜장소스의 농도에 유의한다.

지급재료

주재료

돼지등심(살코기) 50g
춘장 50g, 중화면(생면) 150g

부재료

양파(중 150g) 1개
호박(애호박) 5g
오이(20cm 정도) 1/4개

향신료

생강 10g

양 념

청주 50㎖, 진간장 50㎖
백설탕 20g, 소금 10g
녹말가루(감자전분) 50g
참기름 10㎖, 식용유 100㎖
육수(또는 물) 200㎖

만드는 법

❶ 중화면은 끓는 물에 삶아 찬물에 헹궈 다시 끓는 물에 데친 후 물기를 제거한다.

❷ 양파와 호박은 0.5cm×0.5cm 크기로 썰고, 오이는 채썰고 생강을 곱게 다진다.

❸ 돼지고기는 곱게 다진다.

❹ 춘장은 170℃ 정도에서 한 번 튀겨준다.(춘장의 양이 적을 때는 빨린 건져내야 한다. 춘장의 양이 많으면 조금 더 볶아도 무방하다.)

❺ 팬에 기름을 두르고 ③의 다진 돼지고기를 볶다가 청주와 대파, 생강, 진간장을 넣고 향을 낸다. 다진 양파와 튀긴 춘장을 넣고 잘 볶아준다.

❻ 물이나 육수를 타지 않을 정도로 30㎖ 정도를 넣고 소금, 백설탕으로 간을 한 후 물녹말을 살짝 넣고 참기름으로 마무리하여 그릇에 담는다.

❼ ①의 삶은 면은 그릇에 담고 ⑥의 짜장소스를 붓고 채썬 오이를 얹어 낸다.

전문가의 한마디

• 유니짜장면(肉泥炸醬面)에서 '유니(肉泥)'의 의미는 "곱게 갈은 고기"를 의미하며, 우리가 일반적으로 알고 있는 '짜장면(炸醬面)'은 "장을 튀겼다"는 의미이다.

memo

울면 温滷麵 | wēn lǔ miàn
온 로 면

시험시간 30분

조리법 : 滷 칼질방법 : 丁

요구사항

주어진 재료를 사용하여 '울면'을 만드시오.

❶ 오징어, 돼지고기, 대파, 양파, 당근, 배춧잎은 6cm 정도 길이로 채를 써시오.
❷ 중화면은 끓는 물에 삶아 찬물에 행군 후 데쳐 사용하시오.
❸ 소스는 농도를 잘 맞춘 다음, 달걀을 풀 때 덩어리지지 않게 하시오.

수험자 유의사항

❶ 소스 농도에 유의한다.
❷ 건목이버섯은 불려서 사용한다.

지급재료

주재료
중화면(생면) 150g
작은 새우살 20g
오징어(몸통) 50g
돼지고기(길이 6cm 정도) 30g

부재료
당근 20g, 조선부추 10g
달걀 1개, 배춧잎 20g
건목이버섯 1개
양파(중 150g 정도) 1/4개

향신료
대파(흰부분 6cm 정도) 1토막
마늘 3쪽

양 념
청주 30㎖, 진간장 5㎖
소금 5g, 녹말가루(감자전분) 20g
흰후춧가루 3g, 참기름 5㎖
육수(또는 물) 500㎖

만드는 법

❶ 부추, 배춧잎, 당근, 양파, 대파는 6cm 크기로 채썰어 준비한다.
❷ 마늘은 다지고, 목이버섯은 4cm로 뜯어둔다.
❸ 오징어, 돼지고기는 6cm 정도로 가늘게 채썰고, 새우는 내장을 제거한다.
❹ 달걀은 잘 풀어 준비한다.
❺ 중화면은 끓는 물에 삶아서 찬물에 헹궈 다시 한 번 더 끓는 물에 데쳐서 물기를 제거하여 그릇에 담는다.
❻ 팬에 육수를 붓고 청주, 간장을 넣고 돼지고기, 오징어, 새우, 채썬 채소를 넣고 끓인다.
❼ 중간에 거품을 제거하고 소금으로 간하고 물녹말로 농도를 맞춘 후, 준비해놓은 달걀을 풀어주고, 마지막에 부추, 참기름을 넣은 후 마무리하여 ⑤의 위에 국물을 부어준다.

전문가의 한마디

• 울면의 경우, 써는 방법은 요구사항에 따라 진행한다.
• 편이나 채의 방법도 있지만, 정(丁)으로 썰게 되면 깔끔하고 숟가락으로 국물을 떠먹을 때 부재료와 함께 먹기 편리한 점이 있다.

※'로(滷)'의 의미는 재료를 넣고 장시간 푹 끓이는 국물을 의미한다. 족발 삶은 육수를 떠올리면 좋을 듯하다.

memo

시험시간 **25**분

빠스옥수수 拔絲玉米 | bá sī yù mǐ
발 사 옥 미

조리법 : **拔絲** 칼질방법 : **泥**

요구사항

주어진 재료를 사용하여 '빠스옥수수'를 만드시오.

❶ 완자의 크기를 직경 3cm 정도의 공 모양으로 하시오.
❷ 백설탕시럽은 혼탁하지 않게 갈색이 나도록 하시오.
❸ 빠스옥수수는 6개를 만드시오.

수험자 유의사항

❶ 팬의 설탕이 타지 않아야 한다.
❷ 완자 모양이 흐트러지지 않아야 하며 타지 않아야 한다.

지급재료

주재료
옥수수 120g
밀가루(중력분) 80g

부재료
땅콩 7알, 달걀 1개

양 념
백설탕 50g, 식용유 500㎖

만드는 법

❶ 땅콩은 칼면으로 쳐서 칼날로 곱게 다진다.
❷ 옥수수는 칼로 곱게 다져 물기를 제거하여 준비한다.
❸ ①의 땅콩과 ②의 옥수수에 달걀노른자를 넣고 밀가루를 넣어 잘 반죽한다.
❹ 튀김기름의 온도가 120℃ 정도 되었을 때 왼손으로 완자를 지어 숟가락을 사용하여 넣는다. 완자를 넣고 젓지 말아야 한다. 자연스럽게 떠오를 때까지 기다린다.
❺ 코팅된 팬에 식용유, 백설탕을 넣고 가장자리가 타지 않게 저어가면서 맑고 투명해질 때까지 녹인다.
❻ ⑤의 녹여진 백설탕에 ④의 튀겨진 옥수수완자를 넣고 잘 섞어준다. 물 5㎖ 정도를 끼얹어 준다.
❼ 접시에 기름을 골고루 펴 바른 뒤에 한 알씩 떼어 담는다. 이 때 백설탕이 늘어져 실의 형태가 뽑아져야 한다. 이것이 빠쓰이다.

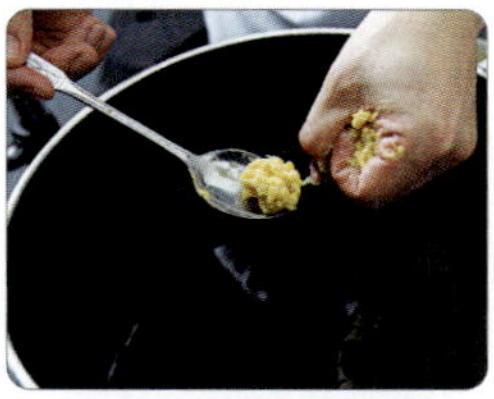

전문가의 한마디

- '빠스(拔絲)'의 의미는 "실을 뽑다"라는 뜻이다.
- 백설탕을 잘 녹여 재료에 묻혔을 때 실의 형태가 잘 나와야 한다.
- 팬에 기름이 너무 많지 않아야 한다.
- 물을 너무 많이 넣지 않는 것에 유의한다.
- 먹을 때는 찬물에 한 번 담가 백설탕을 굳힌 다음 먹어야 이빨에 달라붙지 않는다.

memo

시험시간 **25**분

빠스고구마 拔絲地瓜 | bá sī dì guā

발 사 지 과

조리법 : **拔絲** 칼질방법 : **塊**

요구사항

주어진 재료를 사용하여 '빠스고구마'를 만드시오.

1. 고구마는 껍질을 벗기고 먼저 길게 4등분을 내고, 다시 4cm 정도의 길이로 다각형으로 돌려썰기 하시오.
2. 튀김이 바삭하게 되도록 하시오.

수험자 유의사항

1. 시럽이 타거나 튀긴 고구마가 타지 않도록 한다.

만드는 법

1. 고구마는 껍질을 벗기고 3~4cm 정도 크기의 삼각으로 썰어 찬물에 담가둔다.
2. 팬에 기름을 두르고 약한 불에서 고구마를 튀기는데, 온도를 서서히 올린다. 높은 온도에서는 넣지 않아야 한다. 젓지 않고 기름 위에 떠오를 때까지 기다린다.
3. 코팅된 팬에 식용유, 백설탕을 넣고 가장자리가 타지 않게 저어가면서 맑고 투명해질 때까지 녹인다.
4. ③의 백설탕에 ②의 튀겨진 고구마를 넣고 골고루 버무린 뒤 찬물 5㎖을 넣어 마무리한다.
5. 접시에 기름을 바르고 그 위에 고구마를 하나씩 덜어 담는다. 이 때 고구마에서 실의 형태가 나와야 된다.

지급재료

주재료
고구마(300g 정도) 1개

부재료
백설탕 100g

양 념
식용유 1,000㎖

전문가의 한마디

- '빠스(拔絲)'의 의미는 "실을 뽑다"라는 뜻이다.
- 백설탕을 잘 녹여서 재료에 묻혔을 때 실의 형태가 잘 나와야 한다.
- 팬에 기름이 너무 많지 않아야 한다.
- 물을 너무 많이 넣지 않는 것에 유의한다.
- 먹을 때는 찬물에 한 번 담가서 백설탕을 굳힌 다음 먹어야 이빨에 달라붙지 않는다.

memo

고급중국요리비법

중식 조리산업기사

삼선냉채 • 채소두부탕 • 게살옥수수탕 • 산라탕 • 해삼죽순
유산슬 • 팔보채 • 새우칠리소스 • 새우마요네즈 • 면포하
요과계정 • 궁보계정 • 죽순계편 • 마라우육 • 란화우육
회과육 • 광동식탕수육 • 탕수생선 • 가상두부 • 빠스사과

삼선냉채 凉拌三鮮 | liáng bàn sān xiān

량 반 삼 선

시험시간 30분

조리법 : 凉拌 칼질방법 : 片

요구사항

주어진 재료를 사용하여 '삼선냉채'를 만드시오.

❶ 불린해삼은 4cm 크기의 편으로 써시오.

❷ 갑오징어에 잔칼집을 내고 4cm×3cm 정도의 크기로 써시오.

수험자 유의사항

❶ 모든 재료의 크기가 일정해야 한다.

❷ 중새우는 전처리 후 사용해야 한다.

지급재료

주재료
중새우 4마리
불린 해삼 1마리
갑오징어(오징어 대체 가능) 50g

부재료
패주 2개, 오이 1/2개

양 념
겨자 10g, 식초 15g, 설탕 15g
소금 1g, 참기름 약간

만드는 법

❶ 겨자분은 끓는 물로 개어 따뜻한 곳에 10분 정도 발효시킨 뒤 설탕, 소금을 넣고 식초로 알맞게 개어 놓는다.(갠겨자 1 : 식초 1 : 설탕 1) 이렇게 하면 물을 따로 넣지 않아도 농도가 적당하다. 간장을 약간 첨가하여 맛을 내기도 한다.
❷ 오이는 반으로 갈라 어슷하게 얇게 편으로 썰어놓는다.
❸ 새우는 등에서 창자를 제거한 후 끓는 물에 삶아 껍질을 벗겨 반으로 썰어놓는다.
❹ 불린 해삼은 포를 떠 4cm 크기로 편을 썰어 끓는 물에 데쳐 식초에 살짝 버무려준다.
❺ 오징어 몸살을 잘게 칼집을 내어 끓는 물에 데친다.
❻ 준비한 모든 재료에 겨자소스를 넣어 버무린 후 접시에 담아 낸다.

전문가의 한마디

• 겨자는 반드시 끓는 물로 개어야 매운맛이 잘 제거되며, 따뜻한 곳에서 발효시켜야 한다. 갠겨자 1 : 식초 1 : 설탕 1의 비율로 하면 육수나 물을 넣지 않아도 된다. 간장을 조금 넣어도 좋지만, 지급목록에는 간장이 없으므로 유의해야 한다.

memo

채소두부탕 蔬菜豆腐湯 | sù cài dòu fu tāng

소 채 두 부 탕

시험시간 **20**분

조리법 : 湯 칼질방법 : 小片

요구사항

주어진 재료를 사용하여 '채소두부탕'을 만드시오.

❶ 두부는 길이 3cm×2cm 정도, 두께 0.5cm의 편으로 써시오.

❷ 대파와 생강을 제외한 채소는 3cm 정도의 편으로 써시오.

수험자 유의사항

❶ 수프의 색이 혼탁하지 않아야 한다.

❷ 두부는 끓는 물에 살짝 데쳐 사용한다.

지급재료

주재료
두부 50g

부재료
표고버섯 2장, 죽순 1개
청경채 1개, 당근 1/4개
양송이 2개

향신료
대파(흰부분 6cm 정도) 1토막
생강 5g

양 념
육수 2컵, 소금 1큰술
청주 1큰술, 간장 약간
후춧가루 약간, 참기름 약간

만드는 법

❶ 표고버섯, 죽순, 당근, 청경채, 양송이는 편으로 썰어 끓는 물에 살짝 데쳐내고, 대파는 3cm 정도의 편으로 썰며, 생강은 곱게 다져놓는다.

❷ 두부는 길이 3cm×2cm 정도, 두께 0.5cm의 편으로 썰어 끓는 물에 살짝 데쳐놓는다.

❸ 팬에 육수, 청주, 간장, 생강을 넣고 끓이다가 채소와 두부를 넣어 끓인 후 거품을 걷어내고 소금, 조미료, 후춧가루로 간을 한다.

❹ 끓인 탕에 참기름을 한 방울 넣고, 송송 썬 대파를 넣어 버무린다.

전문가의 한마디

• 맑은 탕이지만 물녹말을 소량만 넣어 처리하면 탕의 느낌이 한층 더 부드러워진다. 물녹말이 지급 목록에 없다는 것에 유의하고, 산업현장에서는 소량으로 처리하기도 한다.

memo

게살옥수수탕 蟹肉玉米湯 | xiè ròu yù mǐ tāng

해 육 옥 미 탕

시험시간 **20**분

조리법 : **湯** 칼질방법 : **末**

요구사항

주어진 재료를 사용하여 '게살옥수수탕'을 만드시오.

❶ 게살은 가늘게 찢어 사용하시오.

❷ 옥수수는 곱게 다져 사용하시오.

수험자 유의사항

❶ 달걀이 뭉치지 않게 풀어 익힌다.

❷ 녹말가루의 농도에 유의한다.

지급재료

주재료
옥수수 50g

부재료
달걀 1개, 게살 50g

향신료
생강 2g

양 념
청주 15g, 육수 1컵
소금 2g, 설탕 1g
후춧가루 0.1g, 녹말 10g
파기름 2g

만드는 법

❶ 옥수수는 다지고, 게살은 가늘게 찢어놓는다.
❷ 팬에 기름을 두르고 뜨거워지면, 다진 생강과 청주를 넣어 향을 낸 후 육수를 부어 옥수수와 게살을 같이 넣고 끓인 후 소금, 설탕과 후춧가루로 간을 한다.
❸ 탕이 끓으면 물녹말을 약간 걸쭉하게 만든 후, 달걀 노른자를 풀어 넣고 저어준다.
❹ 달걀이 알맞게 익으면 기름(파기름)을 조금 넣고 그릇에 담아 낸다.

전문가의 한마디

- 옥수수는 단맛이 강하기 때문에 참기름보다는 파기름같은 향이 진하지 않은 기름을 넣어 마무리하는 것이 재료의 고유한 맛을 살릴 수 있다.
- 달걀은 노른자만 사용하는 것이 음식의 색을 한층 더 살릴 수 있다.
- 완성사진에는 게살이 덩어리지만, 가늘게 찢어서 사용해야 한다.

※ 달걀은 덩어리지지 않게 골고루 잘 풀어 섞는 것이 중요하다.

memo

산라탕 酸辣湯 | suān là tāng
산 랄 탕

시험시간 **25**분

조리법 : **湯** 칼질방법 : **絲**

요구사항

주어진 재료를 사용하여 '산라탕'을 만드시오.

❶ 두부는 0.3cm×5cm 길이의 채로 써시오.

❷ 고기와 채소도 길이 5cm 정도의 가는 채로 써시오.

수험자 유의사항

❶ 모든 재료의 크기가 일정해야 한다.

❷ 수프의 농도에 유의해야 한다.

지급재료

주재료
건해삼채 30g, 새우 30g
소고기 50g(돼지고기 대체 가능)

부재료
달걀 1개, 죽순 30g, 표고버섯 1개
팽이버섯 30g, 두부 30g
청경채 1포기(배추 대체 가능)

향신료
대파(흰부분 6cm 정도) 1토막
생강 2g

양 념
육수 1컵, 청주 1큰술, 간장 5g
식초 10g, 물녹말 10g
설탕 1g, 고추기름 30g
소금 2g, 후춧가루 약간

만드는 법

❶ 표고버섯, 죽순, 청경채는 얇게 저며 가늘게 채썰고, 끓는 물에 데쳐 준비한다. 팽이버섯은 뿌리를 잘라 크기에 맞게 준비하고, 두부는 0.2cm×3cm로 잘라서 준비한다.
❷ 대파는 채썰고, 생강은 곱게 다진다.
❸ 소고기(돼지고기)는 채썰고, 해삼은 끓는 물에 불려 채 상태로 사용한다.
❹ 팬에 고추기름을 두르고 대파, 생강, 청주를 넣고 육수를 넣은 후 채썬 ①의 부재료(표고버섯, 죽순, 청경채)를 넣고 끓인다.
❺ 끓이다가 해삼, 소고기(돼지고기), 새우, 두부 순으로 넣고 간장 소량과 소금으로 간을 한다. 식초로 맛을 낸 후 후춧가루를 넣어 풍미를 낸다.(육수가 끓는 도중에 거품을 걷어낸다.)
❻ 육수가 끓으면 불을 끈 다음, 녹말을 넣고 잘 저어 약간 걸쭉하게 만든 후 불을 켜서 녹말을 익힌다. 다시 불을 끄고 소량의 달걀을 넣고 서서히 저어준 다음, 불을 켜고 고추기름 5g을 넣어 그릇에 담아 낸다.

전문가의 한마디

• 중국요리에 주로 사용되는 곡물을 발효시켜 만드는 방식이라, 한국에서 사용하는 양조식초보다는 산미가 나은 편이다. 처음 접하는 사람들은 맛이 생소할 수 있다.
• 먹을 때 고수(香菜)를 넣으면 한껏 풍미를 느낄 수 있다.
※ '산라탕'은 맛을 바탕으로 이름이 만들어졌다는 것에 유념하여 새콤하고 매콤한 맛을 내는 것이 가장 중요하다.

memo

해삼죽순 海蔘竹筍 | hǎi shēn zhú sǔn

해 삼 죽 순

시험시간 25분

조리법 : 炒 칼질방법 : 片

요구사항

주어진 재료를 사용하여 '해삼죽순'을 만드시오.

❶ 불린 해삼은 6cm 정도 길이의 편으로 써시오.

❷ 죽순은 6cm 정도 길이의 편으로 써시오.

수험자 유의사항

❶ 해삼과 죽순의 썰기 모양이 일정해야 한다.

❷ 녹말가루의 농도에 유의해야 한다.

지급재료

주재료

불린 해삼 3마리

부재료

죽순 50g

향신료

대파(흰부분 6cm 정도) 1토막
마늘 3쪽
생강 3g

양　념

육수 50g, 청주 15g, 녹말 30g
간장 5g, 색깔간장 2g
굴소스 3g, 파기름 30g

만드는 법

❶ 죽순은 6cm 길이의 편으로 썰어 끓는 물에 데쳐낸 뒤 물기를 제거해 놓는다.

❷ 대파, 마늘도 각각 편으로 썰고, 생강은 곱게 다진다.

❸ 불려놓은 해삼을 6cm 길이의 편으로 썰어 끓는 물에 데친다.(어슷하게 썰어 준비한다.)

❹ 팬에 파기름을 두르고 기름이 뜨거워지면 파, 마늘, 생강을 볶은 뒤 청주와 간장 5g을 넣어 향을 낸 후, 해삼과 죽순을 넣어 강한 불에서 볶아준다.

❺ 볶아놓은 해삼에 육수를 약간 부어 굴소스와 색깔간장으로 맛을 낸 후, 끓으면 물녹말을 넣어 소스가 해삼과 죽순에 잘 버무려지도록 처리하고, 파기름을 넣어 마무리한다.

전문가의 한마디

- 일반적으로 홍소해삼, 총소해삼, 해삼탕이라고 불리는 요리와 같은 방법이고, 재료만 조금씩 바뀌는 요리이다.
- 육수를 많이 넣지 않아야 하며, 해삼과 죽순에 살짝 묻어 있는 정도면 충분하다.
- 우리가 알고 있는 해삼탕이라고 불리는 요리는 국물이 많을 것이라 생각하기 쉬운데, 이것은 한국과 중국의 음식문화 차이에서 오는 편견이다.
- 위의 음식 3가지 모두 같은 조리법이다.

memo

유산슬 熘三絲 | liū sān sī

류 삼 사

시험시간 30분

조리법 : 熘 칼질방법 : 絲

요구사항

주어진 재료를 사용하여 '유산슬'을 만드시오.

❶ 고기와 해삼은 5~6cm 정도의 채로 써시오.

❷ 채소 모양도 5~6cm 정도의 가는 채로 써시오.

❸ 고기와 새우는 먼저 전처리 작업 후 조리하시오.

수험자 유의사항

❶ 고기와 새우는 타지 않도록 적절한 온도에서 익혀야 한다.

지급재료

주재료
해삼 50g, 알새우 50g
소고기 50g(돼지고기 대체 가능)

부재료
달걀 1개, 표고버섯 2개
죽순 30g, 완두콩 10알
팽이버섯 5개
청경채 1포기(배추 대체 가능)

향신료
대파(흰부분 6cm 정도) 1토막
마늘 2쪽, 생강 3g

양 념
청주 15g, 간장 3g
소금 2g, 육수 100g
후춧가루 0.2g, 녹말 10g
참기름 1g, 식용유 30g

만드는 법

❶ 표고버섯, 죽순, 청경채(배추)를 0.2cm×5cm로 채 썰고, 향신료와 대파는 5cm 길이로 길고 굵은 채로 썬다. 마늘과 생강도 다져 준비한다.

❷ 소고기는 얇게 포를 떠 5cm 길이로 가늘게 채썬 다음 소금, 후춧가루, 청주, 물녹말, 달걀로 반죽하여 기름에 데쳐 준비한다.

❸ 건해삼 채는 끓는 물에 불려 준비하고, 새우는 내장을 제거한 뒤 소금, 후춧가루, 청주, 물녹말, 달걀로 반죽하여 기름에 데쳐 준비한다.

❹ 채썬 소고기와 새우는 함께 간장, 청주에 밑간하여 달걀과 녹말을 넣어 잘 버무려 놓는다.

❺ 팬에 고기와 새우가 잠길 만큼의 기름을 넣고 중불에서 먼저 익혀 낸다.(기름온도 130℃)

❻ 팬에 파기름을 두르고 파, 마늘, 생강을 넣어 볶다가 청주를 넣어 향을 낸다.

❼ 향을 낸 파, 마늘 채에 해삼, 표고버섯, 죽순, 팽이버섯을 넣고 살짝 볶은 후, 육수를 붓고 소금과 후춧가루로 간을 한 뒤, 익힌 고기와 새우, 완두콩을 넣어 버무린다.

❽ 육수(1컵)에 물녹말(2큰술)을 넣어 부드럽고 촉촉하게 흐르는 듯한 상태로 끓인 뒤, 참기름을 한 방울 떨어뜨려 볶아놓은 재료에 부어 버무린다.

전문가의 한마디

- '류산슬(熘三絲)'은 요리의 이름에서 표기가 되었는데, 3가지 재료를 채썰어 류(熘)의 조리법으로 만들어진 것이다. 3가지 채는 채소, 해물, 고기를 의미한다.
- 물녹말의 농도는 너무 되지도, 묽지도 않은 농도여야 한다.

memo

팔보채 八寶菜 | bā bǎo cài
팔 보 채

시험시간 30분

조리법 : 炒 칼질방법 : 片

요구사항

주어진 재료를 사용하여 '팔보채'를 만드시오.

❶ 불린 해삼은 4~5cm 정도 크기의 편으로 써시오.

❷ 갑오징어는 칼집을 내어 4cm 정도의 크기로 써시오.

❸ 채소도 4cm 정도의 긴 편으로 써시오.

수험자 유의사항

❶ 해산물은 너무 끓이지 않도록 주의한다.

❷ 재료의 모든 크기가 일정하게 비슷해야 한다.

지급재료

주재료

갑오징어 50g(오징어 대체 가능)
불린 해삼 100g, 소라 50g
중새우 2마리, 관자 50g

부재료

죽순 50g, 표고버섯 2개
피망 1개, 당근 1/4개
오이 1/2개, 건고추 2개
청경채 1포기(배추 대체 가능)
브로콜리, 샐러리

향신료

대파(흰부분 6cm 정도) 1토막
생강 5g, 마늘 2쪽

양 념

식용유 3큰술, 청주 15g, 간장 10g
굴소스 10g, 육수(물) 100g
소금, 후춧가루, 녹말 15g

만드는 법

❶ 표고버섯, 죽순, 피망, 당근은 4cm 크기로 썰고, 청경채(배추), 샐러리와 브로콜리는 다른 야채와 어울리도록 썰어 준비한다. 건고추는 어슷하게 잘라 준비한다.

❷ 대파는 굵은 편으로 하고 생강, 마늘은 편으로 썬다. 청경채(브로콜리)를 씻어 분리한다.

❸ 해삼은 물에 불리고, 오징어는 껍질을 벗겨 칼을 눕혀 대각선 방향의 양쪽으로 칼집을 넣은 후 4cm 크기로 썰어 놓는다. 소라도 깨끗이 손질하여 포를 뜬 후 4cm 크기로 썰고, 관자도 같은 크기로 칼집을 넣는다. 새우도 내장을 빼고 준비해둔다.

❹ 끓는 물에 소금을 조금 넣고 준비한 해물과 채소를 데쳐 물기를 빼놓는다. 해물은 기름에 살짝 데쳐 준비해도 무방하다.(특히 새우의 경우 달걀흰자, 소금, 후춧가루, 녹말옷을 입힌다.)

❺ 팬에 식용유를 넣고 건고추, 대파, 마늘, 생강을 볶아 향을 낸 후 청주, 간장, 굴소스를 넣고 부재료인 야채를 넣어 볶는다. 육수를 넣고 소금간을 한 다음 해물을 넣고 재빨리 다시 볶는다.

❻ 후춧가루를 넣고 끓으면 불을 끄고 물녹말을 넣은 다음, 잘 섞어 다시 불을 켜고 끓으면 참기름을 살짝 넣어 마무리한다.

전문가의 한마디

- '팔보채'는 요리 이름 그대로 8가지의 보물이 들어간 음식을 의미한다.
- 새우는 기름에 살짝 데쳐 준비하면 요리가 완성되었을 때 맛과 모양을 살릴 수 있다.
- 모든 재료는 끓는 물이나 기름을 사용하여 전처리한 다음, 요리를 하면 맛을 한층 더 살릴 수 있다.

memo

새우칠리소스 乾燒蝦仁 | gān shāo xiā rén

간 소 하 인

시험시간 **30** 분

조리법 : **乾燒, 炸** 칼질방법 : **末**

요구사항

주어진 재료를 사용하여 '새우칠리소스'를 만드시오.

1. 새우는 꼬리부분만 남기고 껍질을 벗겨 사용하시오.
2. 파, 홍고추, 마늘은 각각의 크기가 일정하게 사각형으로 잘게 써시오.

수험자 유의사항

1. 새우는 칼집을 내어 내장을 제거한 후 튀겨야 한다.
2. 녹말가루의 농도에 유의한다.

지급재료

주재료
중새우 10마리

부재료
홍고추 1개, 달걀 1개

향신료
대파(흰부분 6cm 정도) 1토막
마늘 3쪽, 생강 2g

양 념
고추기름 30g, 두반장 15g
케첩 30g, 육수(물) 100g
설탕 30g, 물녹말 10g
식용유 800g

만드는 법

❶ 홍고추, 대파는 쌀알크기 모양으로 잘게 썰고, 마늘과 생강은 곱게 다져 준비한다.
❷ 새우의 꼬리부분을 제외한 나머지부분의 껍질을 깐 후 등쪽에 이쑤시개로 내장을 제거한 후 칼집을 넣어준다.
❸ 손질해 놓은 새우에 소금, 후춧가루, 청주, 달걀, 물녹말로 튀김옷을 두껍지 않게 살짝 입혀준 다음 기름온도 160℃에서 두 번 튀긴다.
❹ 팬에 고추기름을 두른 뒤 ①의 재료를 넣고 청주, 두반장, 케첩, 식초, 육수, 설탕을 넣어 소스를 만든다.
❺ ④의 소스에 튀겨낸 ③의 새우를 넣고 살짝 졸인 뒤, 물녹말을 넣고 고추기름을 살짝 두르고 접시에 담아 낸다.

전문가의 한마디

- '깐쇼(乾燒)'라는 조리법은 살짝 조려내는 것이다. 소스에 물녹말을 넣기 전에 새우를 넣고 소스를 스며들게 한 뒤 녹말을 넣는 것이 일반적이다.
- 중국에서 먹는 것과는 약간의 차이가 있다. 이는 식초의 맛이 다르고 맛술과 같은 것이 들어가기 때문이다.

memo

새우마요네즈 沙拉蝦球 | shā lā xiā qiú
사 랍 하 구

시험시간 30분

조리법 : 炸 칼질방법 : 小片

요구사항

주어진 재료를 사용하여 '새우마요네즈'를 만드시오.

❶ 새우는 칼집을 내고 내장을 제거해 튀기시오.

❷ 채소는 1.5cm 정도의 네모꼴로 써시오.

수험자 유의사항

❶ 채소의 크기가 일정해야 한다.

❷ 소스의 농도에 유의해야 한다.

지급재료

주재료

중새우 10마리

부재료

달걀 약간, 당근 1/4개
오이 1/4개, 파인애플 1쪽
레몬 1/2개

양 념

녹말 50g, 소금 1g
설탕 30g, 식초 5g
마요네즈 100g, 식용유 800g

만드는 법

❶ 당근과 오이는 1.5cm 크기로 썰고, 파인애플과 오이도 같은 크기로 썰어 놓는다.

❷ 새우는 껍질을 벗겨 내장을 빼낸 후 소금으로 간하여 물기를 걷어둔다.

❸ 그릇에 우유 반 컵을 붓고 마요네즈를 넣어 설탕, 소금, 식초로 간을 하여 마요네즈를 우유에 골고루 잘 저어 풀어준 뒤 레몬즙을 넣는다.(달걀노른자를 넣어주면 진한 노란색이 나타난다.)

❹ 달걀과 된녹말로 튀김옷을 만들어, 새우에 입혀 170℃ 기름온도에서 두 번 바싹 튀겨낸다.

❺ 팬에 기름을 두르고 뜨거워지면 채소를 넣고 살짝 볶아준다.

❻ 채소를 볶은 후 풀어낸 마요네즈를 넣어 중불에서 소스가 걸쭉해질 때까지 살짝 저어준 뒤, 튀겨낸 새우를 넣어 버무려준다.

전문가의 한마디

- '새우마요네즈'와 '부귀새우(富貴蝦仁)'는 대동소이한 요리이고, 요리이름을 달리 붙인 것이다.
- 중국에서는 일반적으로 마요네즈를 단황장(蛋黃醬, dànhuángjiàng)이라고 부른다.
- 크림치즈를 함께 섞어 만들기도 한다. 색을 내기 위해 와사비, 블루베리, 산딸기 등을 첨가하면 다양한 맛과 느낌을 표현할 수 있다.

memo

면포하 麵包蝦 | miàn bāo xiā

면 포 하

시험시간 35분

조리법 : 炸 칼질방법 : 泥

요구사항

주어진 재료를 사용하여 '면포하'를 만드시오.

1. 새우 내장을 제거하시오.
2. 식빵은 사방 4cm, 두께 0.5cm의 크기로 써시오.

수험자 유의사항

1. 새우살은 곱게 다져 새우반죽을 만든다.
2. 식빵은 타지 않게 주의한다.

지급재료

주재료
새우살 200g

부재료
달걀 1개, 식빵 4쪽

향신료
대파 약간, 생강 약간

양 념
녹말가루 50g, 식용유 800g
후춧가루 약간, 소금 2g
청주 15g

만드는 법

❶ 식빵은 가장자리를 제거하고, 사방 4cm 정도의 크기로 4등분하여 준비한다.
❷ 새우를 손질하여 다져 준비한다. 다진 새우에 생강즙, 후춧가루, 청주, 소금 약간, 참기름을 넣고 밑간을 한 다음, 달걀흰자와 물녹말을 넣어 잘 섞어 준비한다.
❸ 식빵은 가장자리를 제거하고, 사방 4cm 정도의 크기로 4등분하여 준비한다.
❹ 4등분으로 자른 식빵 위에 달걀물을 살짝 바르고 녹말가루를 묻히고, 새우반죽을 완자 모양의 크기로 만들어 납작하게 펴서 각각의 작은 샌드위치 모양을 만든다.
❺ 샌드위치빵을 150℃의 기름온도에서 천천히 튀겨 노릇노릇해지면, 건져 기름종이에 받쳐 기름기를 충분히 제거한 뒤 접시에 가지런히 담아 낸다.

전문가의 한마디

• 과거 1970~1980년대에 식빵이라는 재료가 귀했을 때 만들어졌던 음식이다.
• '면포(麵包)'는 식빵을 의미한다.

memo

요과계정 腰果鷄丁 | yāo guǒ jī dīng

요 과 계 정

시험시간 30분

조리법 : 炒 칼질방법 : 丁

요구사항

주어진 재료를 사용하여 '요과계정'을 만드시오.

❶ 닭고기살은 사방 2cm 정도의 네모꼴로 써시오.

❷ 채소는 사방 2cm 정도의 주사위 모양으로 써시오.

수험자 유의사항

❶ 모든 재료의 크기가 일정해야 한다.

❷ 요과는 기름에 살짝 익혀서 사용한다.

지급재료

주재료
캐슈넛 20알, 닭다리살 160g

부재료
달걀 1개, 샐러리 1/2개
죽순 60g, 표고버섯 2개

향신료
대파 1/2개, 마늘 약간
생강 약간

양 념
간장 1큰술, 청주 1큰술
식용유, 파기름 2큰술
물녹말 1큰술, 굴소스 1큰술
육수 3큰술, 참기름 1작은술

만드는 법

❶ 샐러리, 죽순, 표고버섯은 2cm 크기로 썬다. 죽순과 표고버섯은 끓는 물에 살짝 데쳐 준비한다.
❷ 대파, 생강, 마늘은 편으로 썰어 준비한다.
❸ 닭다리살은 사방 2cm 크기로 썰어 청주, 간장을 약간씩 넣고 버무린다.
❹ 달걀, 녹말을 넣고 잘 버무려 기름에 넣어 익히고, 캐슈넛과 샐러리도 같이 기름에 튀긴다.
❺ 팬에 식용유 30g을 넣고 대파, 생강, 마늘을 볶아 향을 낸 뒤 청주와 간장(소량)을 넣는다.
❻ 죽순, 표고버섯과 익혀놓은 닭다리살, 캐슈넛, 샐러리 육수, 굴소스, 후춧가루를 넣고 볶는다.
❼ 물녹말을 풀어 걸쭉하게 한 다음, 소량의 참기름으로 마무리한 뒤 접시에 담는다.

전문가의 한마디

- '요과(腰果)'는 캐슈넛(cashew nut)을 의미한다.
- '궁보계정'과 비슷하다. 땅콩과 매운맛이 차이점이다.

memo

궁보계정 宮保鷄丁 | gōng bǎo jī dīng

궁 보 계 정

시험시간 30분

조리법 : 炒 칼질방법 : 丁

요구사항

주어진 재료를 사용하여 '궁보계정'을 만드시오.

❶ 닭고기는 사방 2cm 크기의 주사위 모양(丁)으로 써시오.

❷ 채소는 사방 2cm 크기의 사각형으로 써시오.

수험자 유의사항

❶ 모든 재료의 크기가 일정해야 한다.

❷ 생땅콩은 전처리 후 껍질을 벗겨 사용한다.

지급재료

주재료

닭다리살 200g

부재료

생땅콩 30g, 달걀 1개

건고추 2개, 피망(샐러리) 50g

당근

향신료

생강 5g, 마늘 2쪽

양 념

고추기름 30g, 청주 15g

간장 5g, 육수 50g

굴소스 5g, 설탕 1g

후춧가루, 물녹말 1큰술

참기름, 식용유 300g

만드는 법

❶ 마른 고추는 2cm 크기로 어슷하게 썰어놓고, 샐러리는 2cm 크기의 사각형으로 썰어 살짝 데쳐 놓는다.

❷ 생땅콩은 기름에 살짝 튀겨 키친타월을 사용하여 껍질을 제거해 준비하고, 생강과 마늘은 곱게 다져 준비한다.

❸ 닭고기살은 2cm의 크기로 잘라 소금, 후춧가루, 청주로 밑간을 한 후 달걀흰자와 녹말로 옷을 살짝 입혀 기름에 데쳐 준비한다.

❹ 팬에 고추기름을 두르고, 뜨거워지면 건고추를 넣어 향이 나게 살짝 볶아준 다음 생강, 간장, 청주로 향을 낸다.

❺ 부재료(샐러리 등)를 넣고 볶다가 육수를 넣고, ③의 닭고기살을 넣고 굴소스와 소금, 후춧가루로 간을 한다.

❻ 물녹말로 농도를 맞춘 뒤, 전처리한 ②의 생땅콩을 넣고 잘 섞은 다음 고추기름을 넣어 마무리한다.

전문가의 한마디

• 뼈와 껍질을 제거한 살코기는 사방 2cm 정도로 썰어 간장, 청주, 후춧가루로 미리 간을 한 뒤 달걀흰자와 녹말을 묻혀 기름에 데쳐 준비한다.

memo

죽순계편 竹筍鷄片 | zhú sǔn jī piàn

죽 순 계 편

시험시간 30분

조리법 : 炒 칼질방법 : 片

요구사항

주어진 재료를 사용하여 '죽순계편'을 만드시오.

❶ 닭살코기는 크기 4cm 정도, 넓이 2cm 정도의 얇은 편으로 써시오.

❷ 죽순은 길이 4~5cm 정도, 두께 0.2cm 정도의 크기로 써시오.

수험자 유의사항

❶ 닭고기 전처리 과정에 유의해야 한다.

❷ 재료의 모든 크기가 일정하게 비슷해야 한다.

지급재료

주재료
닭고기 가슴살 150g

부재료
죽순 150g, 달걀 1개

향신료
대파(흰부분 6cm 정도) 1토막
마늘 3쪽, 생강 5g

양 념
청주 1작은술, 녹말 약간
생강 약간, 육수 1/3컵
청주 1큰술, 굴소스 1작은술
소금 1작은술, 물녹말 1큰술
조미료, 후춧가루
참기름, 식용유

만드는 법

❶ 죽순은 길이 4~5cm 정도, 두께 0.2cm의 편으로 썰어 끓는 물에 데쳐 준비한다.

❷ 대파는 편으로 썰어 준비하고, 생강, 마늘은 다져 준비한다.

❸ 닭의 뼈와 껍질을 제거한 살코기는 4cm 정도로 썰어 소금, 청주, 후춧가루로 밑간하여 준비한다.

❹ 밑간을 한 ③의 닭고기는 달걀흰자와 녹말로 반죽한 뒤, 기름에 데쳐 준비한다.

❺ 팬에 파기름을 두르고 대파, 마늘, 생강 다진 것으로 향을 낸 뒤, 청주와 소량의 간장을 넣고 ①의 죽순을 넣어 볶다가 육수 50g을 넣고 소금과 흰후춧가루로 간을 한다.

❻ 기름에 데쳐낸 ④의 닭고기를 넣고 물녹말로 농도를 맞춘 뒤, 파기름(참기름) 소량으로 마무리하고 접시에 담아 낸다.

전문가의 한마디

• 가급적 색이 나와야 하므로 조리과정에서 달걀흰자와 흰후춧가루를 사용하면 좋고, 간장이나 굴소스는 가급적 배제하는 것이 좋다.
※'죽순계편'은 음식의 색이 중요하다.

memo

마라우육 麻辣牛肉 | má là niú ròu

마 랄 우 육

시험시간 30분

조리법 : 炒 칼질방법 : 條

요구사항

주어진 재료를 사용하여 '마라우육'을 만드시오.

❶ 소안심은 길이 4cm, 두께 1cm 정도로 써시오.

❷ 채소는 길이 4cm, 넓이 1cm 정도로 써시오.

수험자 유의사항

❶ 소안심은 바싹 튀기지 않는다.

❷ 재료의 모든 크기가 일정하게 비슷해야 한다.

지급재료

주재료
소안심(또는 다른 부위) 150g

부재료
피망 30g, 홍고추 1개
양파 30g, 샐러리 30g
건고추 2개, 캐슈넛 10알

향신료
대파(흰부분 6cm 정도) 1토막
마늘 2쪽, 생강 1g

양 념
두반장 5g, 청주 15g
간장 5g, 설탕 2g
굴소스 5g, 후춧가루 약간
육수(물) 100g, 녹말가루 10g
고추기름 30g, 식용유 300g

만드는 법

❶ 피망 등 채소는 4cm 길이로 소고기의 모양과 같은 크기로 썰어 준비하고, 건고추는 어슷하게 잘라 준비하여 끓는 물에 데친다. 캐슈넛은 기름에 살짝만 튀겨 준비한다.
❷ 대파와 마늘은 편으로 썰고, 생강은 다져 준비한다.
❸ 소고기 안심은 길이 4cm, 굵기 1cm 크기로 썰어 소금, 간장, 청주, 후춧가루를 넣어 간을 한다.
❹ 밑간을 한 ③의 소고기는 달걀흰자와 녹말로 살짝 옷을 입혀 기름에 데쳐 준비한다.
❺ 팬에 식용유를 두르고 건고추를 볶다가 파, 생강, 마늘을 넣어 간장과 청주로 향을 내고 두반장을 넣어 볶아준다.
❻ 캐슈넛을 제외한 ①의 채소를 넣어 육수, 굴소스, 후춧가루, 설탕으로 간을 한 뒤 ④의 소고기를 넣고 볶는다.
❼ 물녹말로 농도를 맞춘 뒤, 캐슈넛을 넣고 소량의 고추기름과 참기름을 넣어 섞어준 다음 접시에 담아 낸다.

전문가의 한마디

- '마라(麻辣)'의 의미는 "얼얼하고 매콤함"을 의미한다. 사천요리의 대표적인 맛을 표현하는 것이다. 이때 마(麻)의 얼얼함은 화조(花椒)라는 재료가 쓰인다. 지급목록에는 빠져 있다.
- 중국을 여행할 일이 있다면 중국식 샤브샤브의 맵고 얼얼함을 느껴보기 바란다.

memo

란화우육 蘭花牛肉 | lán huā niú ròu

란 화 우 육

시험시간 30분

조리법 : 清炒 칼질방법 : 條

요구사항

주어진 재료를 사용하여 '란화우육'을 만드시오.

❶ 소안심을 사방 4cm 정도, 두께 0.5cm 정도의 편으로 써시오.

❷ 브로콜리는 한 입 크기의 3cm 정도로 써시오.

수험자 유의사항

❶ 브로콜리와 소안심은 같이 볶지 않는다.

❷ 소안심 조리 시 소스의 농도에 유의한다.

지급재료

주재료
소안심 150g

부재료
브로콜리 150g, 달걀 1개

향신료
대파(흰부분 6cm 정도) 1토막
마늘 3쪽, 생강 5g

양 념
청주 15g, 간장 5g, 육수 100g
굴소스 5g, 참기름 약간
물녹말 30g, 파기름 3큰술
색깔간장 약간

만드는 법

❶ 브로콜리는 먹기 좋은 크기로 썰어, 끓는 물에 소금을 넣고 살짝 데쳐 준비한다.
❷ 대파와 마늘은 편으로 썰고, 생강은 다져 준비한다.
❸ 소고기 안심은 길이 4cm, 굵기 0.5cm 크기로 썰어 간장, 청주, 후춧가루를 넣어 간을 한 후 달걀흰자와 녹말로 버무려 놓는다.
❹ 팬에 식용유 200g를 넣고 120℃에서 살짝 데쳐 준비한다.
❺ 끓는 물에 데쳐 낸 ①의 브로콜리는 팬에 기름을 두르고 볶아 육수를 넣고 소금간을 한 뒤, 녹말처리하여 접시 가장자리에 돌려 담아 놓는다.
❻ 팬에 파기름을 두르고 대파, 마늘, 생강을 넣고 볶다가 청주, 간장을 넣고 향을 낸다. 기름에 데친 ④의 소고기를 넣고 육수와 굴소스로 간을 한 뒤, 후춧가루를 넣고 색깔간장을 넣어 색을 낸다. 물녹말을 넣어 농도를 맞추고 소량의 파기름과 참기름을 넣고 완성한 뒤 브로콜리를 안쪽에 담아 낸다.

전문가의 한마디

- 브로콜리는 끓는 물에 데쳐 준비하면 조리시간을 단축할 수 있다.
- 기름에 볶을 때는 물기를 제거하는 것이 좋다.
- 녹말을 살짝 풀어 소금간이 잘 배이도록 하면 부드러움을 살릴 수 있다.

memo

시험시간 **40**분

회과육 回鍋肉 | huí guō ròu
화 과 육

조리법 : 煮, 炒 칼질방법 : 片

요구사항

주어진 재료를 사용하여 '회과육'을 만드시오.

❶ 돼지삼겹살은 삶아 전처리 작업하시오.

❷ 고기는 길이 4cm 정도의 크기에 두께 0.3cm의 편으로 써시오.

수험자 유의사항

❶ 채소의 크기가 일정해야 한다.

❷ 소스의 농도에 유의해야 한다.

지급재료

주재료
돼지삼겹살 250g

부재료
표고버섯 2장, 죽순 30g
홍고추 1개, 피망 30g
건고추 2개

향신료
대파(흰부분 6cm 정도) 1토막
마늘 3쪽, 생강 5g

양 념
춘장 30g(두반장 30g)
청주 15g, 간장 3g, 굴소스 5g
설탕 2g, 육수 30g, 물녹말 5g
고추기름 30g, 식용유 200g
후춧가루, 참기름 약간

만드는 법

❶ 표고버섯, 죽순, 피망, 홍고추, 건고추는 어슷하게 편으로 자른다. 대파는 굵은 편, 마늘도 편으로 썰고, 생강은 다져 준비해 놓는다.

❷ 삼겹살은 5cm×4cm 덩어리 크기로 썰어 끓는 물에 대파, 생강, 청주, (화조)를 넣고 20분간 삶아낸 후 0.5cm 두께의 편으로 먹기 좋게 썰어 놓는다.

❸ 팬에 기름을 고기가 잠길 정도로 붓고, 뜨거워지면 편으로 썰어 낸 삼겹살을 살짝 데친다.

❹ 건고추를 제외한 ①의 모든 채소는 끓는 물에 살짝 데쳐 준비한다.

❺ 팬에 고추기름을 두르고 건고추, 대파, 마늘, 생강을 넣어 볶다가 간장, 청주로 향을 낸 두반장을 넣고 채소를 넣어 볶는다. 튀겨낸 삼겹살을 넣어 같이 골고루 볶으면서 육수를 조금 넣어준 다음 굴소스, 설탕, 후춧가루로 간을 한 뒤 고추기름과 참기름으로 마무리한다.

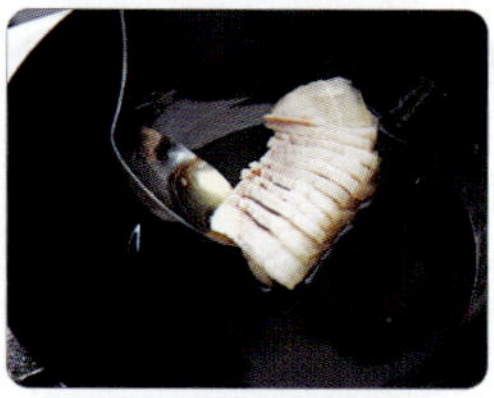

전문가의 한마디

- '회과육(回鍋肉)'의 의미는 솥(팬으로 다시 돌아왔다)을 표현한 음식이다. 중국에서 제사를 지낼 때에 돼지고기를 삶아 제사상에 올리는데, 제사를 지낸 후에 돼지고기를 얇게 썰어 춘장이나 두반장을 넣고 다시 요리를 해서 먹는 것에서 유래하여 지어진 이름이다.
- 산동에서는 춘장을 사용하고, 사천지방에서는 두반장을 사용한다.
- 돼지고기를 최대한 얇게 해서 요리하는 것이 관건이다.
- 기능장 시험에서는 '매운돼지고기 볶음'으로 기출되기도 한다.

memo

광동식탕수육 咕嚕肉 | gū lū ròu

고 로 육

시험시간 30분

조리법 : 炸 칼질방법 : 條

요구사항

주어진 재료를 사용하여 '광동식탕수육'을 만드시오.

❶ 돼지고기는 칼집을 넣어 고기를 부드럽게 하시오.

❷ 돼지고기는 1cm×4cm 정도의 길이인 직사각형 모양으로 굵게 채 써시오.

❸ 채소 모양을 3cm 정도의 길이로 삼각 크기로 써시오.

수험자 유의사항

❶ 소스는 녹말가루의 농도에 유의한다.

❷ 토마토소스의 단맛과 신맛이 나도록 맛내기에 유의한다.

지급재료

주재료
돼지고기 200g

부재료
양파 30g, 청피망 50g
홍피망 50g, 완두콩 10g
파인애플 2쪽, 달걀 1개

양 념
생강즙 5g, 청주 15g
간장 2g, 토마토케첩 50g
설탕 30g, 식초 15g
녹말 50g, 육수(또는 물) 150g
식용유 500g

만드는 법

❶ 양파(청 · 홍), 피망, 파인애플은 삼각형 크기로 편을 썰어 준비한다. 완두콩은 15알 정도 준비한다.

❷ 돼지고기 등심은 가로 1cm×세로 4cm 정도의 직사각 막대형으로 썰어 놓는다. 고기에 간장, 청주, 생강즙, 후춧가루로 밑간을 한다.

❸ 돼지고기는 녹말가루와 달걀로 옷을 입힌 뒤, 튀김옷을 입혀 고기를 두 번 튀겨준다.

❹ 달궈진 팬에 기름을 두르고 양파와 다진 생강, 청주로 향을 낸 후 채소를 넣어 살짝 볶는다.

❺ 볶은 ④의 채소에 토마토케첩 50g, 육수 150g을 넣고 설탕 30g, 식초 15g을 넣어 새콤달콤한 맛을 낸다.

❻ 소스 ⑤가 한 번 끓으면 불을 끄고 물녹말을 살짝 풀어 골고루 섞어준 다음, 다시 불을 켜고 한 번 더 끓여 녹말을 익히면서 농도를 맞춘 뒤 튀겨낸 ③의 돼지고기를 넣고 버무려 낸다.

전문가의 한마디

- '광동식 탕수육(咕嚕肉)'은 꾸로육, 고로육이라고 불리는데, 이것은 고기가 튀겨질 때 나는 소리를 표현하여 지어진 음식이다.
- 맛의 유형은 탕수육과 같다. 단지 케첩이 들어가 광동식이라는 표현을 사용했다. 우리가 알고 있는 꿔바로(찹쌀탕수육)는 동북 3성에서 즐겨먹는 방식이다. 모두 새콤달콤한 탕수육의 형태와 일맥상통하는 요리이다.

memo

탕수생선 糖醋魚塊 | táng cù yú kuài

탕 초 어 괴

시험시간 40분

조리법 : **糖醋, 炸** 칼질방법 : **條**

요구사항

주어진 재료를 사용하여 '탕수생선'을 만드시오.

❶ 생선살은 길이를 4cm 정도로 하고, 두께는 1cm 정도의 사각형 크기로 써시오.

❷ 채소는 어슷하게 굴려 써시오.

수험자 유의사항

❶ 소스는 녹말가루 농도에 유의한다.

❷ 맛은 단맛과 신맛의 배합이 맞도록 한다.

지급재료

주재료
흰살생선 200g

부재료
당근 1/4개, 양파 1/4개
오이 1/4, 목이버섯 5장
완두콩 약간
파인애플 원형 2조각

향신료
대파 10g, 생강즙 10g

양 념
설탕 5큰술, 식초 2큰술
청주 1큰술, 육수 3/4컵
간장 1큰술, 물녹말 50g
식용유 800g, 달걀 1개

만드는 법

❶ 대파, 당근, 양파, 오이는 어슷 굴려 썰기하고, 목이버섯은 물에 불려 먹기 좋은 크기로 뜯어놓고, 원형 파인애플은 8등분한다.

❷ 흰살생선은 길이 4cm, 두께 1cm 정도의 길이로 썰어 생강즙, 소금, 청주로 재워 놓는다.(단, 통생선이 주어지면 세장 뜨기를 하여 생선살을 발라 사용한다.)

❸ 재워 놓은 생선살은 물기 없이 짠 후 달걀과 된녹말로 반죽하여 튀김옷이 골고루 묻었으면 180℃의 기름에 두 번 바삭하게 튀겨낸다.

❹ 팬에 기름을 두른 후 대파, 생강을 넣고 간장, 청주로 향을 내어 채소를 같이 넣어 볶다가 여기에 육수, 설탕, 식초를 넣는다. 끓으면 불을 끄고 물녹말을 넣어 잘 섞은 다음, 다시 불을 켜고 녹말을 익혀 농도를 맞춘다.

❺ 농도가 맞추어지면 튀겨낸 ③의 생선을 넣고 살짝 버무려 낸 뒤 접시에 담는다.

전문가의 한마디

- 조리기능사의 '탕수조기'와 비슷하다. 단지 생선살은 발라내어 조리한다는 것이 다른 점이다.
- 중국요리에서 소스가 많은 요리에 녹말을 넣을 때는 반드시 끓인 다음 불을 끄고 녹말을 풀어준 후 충분히 섞은 뒤, 다시 불을 켜서 익혀준다는 것을 명심해야 한다.
- 녹말을 넣고 충분히 섞은 다음 불을 켰을 때는 국자로 젓지 않아야 한다. 그래야 소스가 탁하지 않고 원하는 맑고 투명한 색을 얻을 수 있다.

memo

가상두부 家常豆腐 | jiā cháng dòu fu

가 상 두 부

시험시간 30분

조리법 : 炸, 炒 칼질방법 : 片

요구사항

주어진 재료를 사용하여 '가상두부'를 만드시오.

❶ 두부는 삼각형으로 5cm×1cm 정도의 삼각형으로 써시오.

❷ 채소는 5cm×1cm 정도의 삼각 편으로 써시오.

수험자 유의사항

❶ 두부는 부서지지 않게 갈색이 나도록 해야 한다.

❷ 채소의 색이 변하지 않도록 빨리 볶아낸다.

지급재료

주재료
두부 150g, 돼지고기 50g

부재료
표고버섯 2개, 죽순 30g
청피망 30g, 홍고추 30g
양송이 2개

향신료
파 30g, 마늘 2쪽, 생강 3g

양 념
고추기름 30g, 두반장 15g
청주 15g, 간장 5g, 설탕 2g
물녹말 10g, 후춧가루 약간
참기름 약간, 식용유 300g

만드는 법

❶ 죽순, 표고버섯, 피망, 양송이, 대파, 홍고추는 두부 썬 모양대로 삼각으로 썰어놓고, 마늘은 편으로 썰고 생강은 다져 준비한다.
❷ 두부는 삼각형으로 굵기 5cm×1cm로 썰고, 고기는 편으로 썰어 간장과 청주로 밑간을 한다.
❸ 썰어 놓은 두부는 갈색이 나도록 튀긴다.
❹ 팬에 고추기름을 두르고 밑간한 돼지고기를 넣고 골고루 익혀준 뒤 대파, 생강, 마늘을 넣고 같이 볶아준다.
❺ 두반장과 간장, 청주로 향을 내고 채소를 순서대로 넣어 볶은 후, 여기에 육수를 붓고 소금, 설탕, 굴소스와 후춧가루로 간을 한다.
❻ 소스가 끓으면 튀겨낸 두부를 넣고, 두부에 간이 배도록 살짝 졸인 뒤에 녹말로 농도를 맞추고 고추기름과 참기름으로 마무리하고 접시에 담아 낸다.

전문가의 한마디

- '가상두부(家常豆腐)'는 "집에서 늘상 먹는다"는 의미를 지니고 있다. 현재 중국 사천요리에서 가상(家常)의 의미는 "두반장을 사용하여 맛을 내는 것"이라 정해져 있다. 그리고 두반장이 들어가는 요리에는 설탕이 함께 사용된다.
- 돼지고기는 기름에 미리 데치지 않고 팬에서 바로 익혀 사용해도 무방하다.

memo

빠스사과 拔絲苹果 | bá sī píng guǒ

발 사 평 과

시험시간 30분

조리법 : 拔絲 칼질방법 : 塊

요구사항

주어진 재료를 사용하여 '빠스사과'를 만드시오.

❶ 사과는 3cm 정도의 크기로 돌려가며 다각형 모양으로 자르시오.

❷ 사과 튀김옷이 벗겨지지 않도록 하시오.

❸ 8개를 제출하시오.

수험자 유의사항

❶ 시럽이 산화되지 않도록 한다.

❷ 사과의 모든 크기가 일정하게 비슷해야 한다.

지급재료

주재료
사과 1개

부재료
달걀 1개, 밀가루 200g

양　념
식용유 800g, 설탕 150g
물 10g

만드는 법

❶ 사과는 껍질을 벗기고 반을 잘라 씨 부분을 도려내고, 사방 3cm 크기의 다각형으로 썬다.
❷ 풀어놓은 달걀에 사과를 묻힌 후 밀가루를 골고루 발라준다.
❸ 끓는 물에 사과를 넣었다가 바로 체에 건져준 다음, 밀가루를 한 번 더 굴려준다. 2~3회 정도 반복한다.
❹ ③의 사과를 130℃의 높지 않은 온도의 기름에 넣고, 온도를 높여가며 노릇할 정도로 튀긴다.
❺ 팬을 코팅한 상태에서 설탕 100g을 넣고 가장자리가 타지 않게 물 5g을 둘러(물의 양이 너무 많지 않아야 한다.)준다. 불조절을 하여 국자에 묻어있는 설탕까지 맑고 투명한 느낌이 들 때까지 골고루 녹여야 한다.
❻ ④의 사과가 기름에 떠오르면 건져 팬에 넣고 녹인 설탕을 골고루 버무린다. 사과의 튀김옷이 으깨지지 않게 주의한다. 마지막에 물 5g을 넣고 마무리한다. 접시에 기름을 바르고 하나씩 담아 낸다. 이 때 실이 뽑아져야 한다.

전문가의 한마디

- '빠스(拔絲)'의 의미는 "실을 뽑다"라는 뜻이다.
- 설탕을 잘 녹여 재료에 묻혔을 때 실의 형태가 잘 나와야 한다.
- 팬에 기름이 너무 많지 않아야 한다.
- 물을 너무 많이 넣지 않는 것에 유의한다.
- 먹을 때는 찬물에 한 번 담가 설탕을 굳힌 다음 먹어야 이빨에 달라붙지 않는다.

memo

고급중국요리비법

중식 조리기능장

봉황병반 • 송학병반 • 오품냉채 • 오징어냉채 • 관자냉채 • 왕새우냉채 • 전복냉채 • 오향장육
게살삭스핀수프 • 비취관자 • 부용관자 • 삼선탕(서호탕) • 은이구기자탕 • 새우완자탕
홍소삭스핀 • 삼슬어시 • 삼선어시 • 팔진어시 • 해육어시 • 가상해삼 • 일품해삼 • 금사오룡해삼
해삼송이 • 해삼전복 • 생선(우럭)간장찜 • 도미두반 • 새우완자 • 깐풍대하 • 깐쇼대하
폭쌍취 • 전가복 • 삼선누룽지 • 부용게살 • 어향소고기말이 • 소고기양상추쌈 • 어향육사
꿔바로 • 해삼삼겹살찜 • 꿔타기 • 유린기 • 레몬기 • 홍소양두부 • 삼선두반두부
굴소스청경채 • 크림소스청경채 • 군만두 • 빠스은행 • 빠스바나나

시험시간 **60**분

봉황병반 鳳凰拼盤 | fèng huáng pīn pán

봉 황 병 반

조리법 : 蒸 칼질방법 : 片

요구사항

주어진 재료를 사용하여 '봉황병반'을 만드시오.

❶ 봉황을 표현하시오.

수험자 유의사항

❶ 모든 재료는 반드시 익어야 한다.

지급재료

주재료

닭고기(1.2kg) 1마리

부재료

오이 150g, 당근 500g
표고버섯 50g
달걀노른자 200g, 달걀 10개

양 념

녹말 20g, 소금 20g

만드는 법

❶ 닭가슴살은 소금, 후춧가루, 청주로 밑간을 한 후 찜통에 20분 정도 찐다.

❷ 달걀노른자에 소금, 녹말을 넣고 거품이 나지 않게 잘 저은 다음, 사각용기에 비닐이나 랩을 깔고 기름을 바른 뒤 달걀노른자를 부어 다시 랩을 덮어 찜통에 30분간 찐다. 약불을 사용하고 뚜껑은 반쯤 열어둔다.

❸ 오이, 당근은 소금, 식초물에 15분 정도 담갔다가 끓는 물에 살짝 데쳐 사용하며, 원하는 모양으로 잘라서 준비한다.

❹ 입체감을 살리기 위해 꼬리부터 시작하여 몸통으로 온다. 날개도 끝부분부터 시작하여 만든다.

❺ 몸통은 닭가슴살을 사용하여 표현하면 좋다. 부리와 눈, 벼슬 등은 여러 가지 식용재료를 사용하여 표현한다.

전문가의 한마디

• '봉황'은 상상의 동물이다. 중국에서 봉황은 여성을 상징하며, '용'은 남성을 상징한다. 표현하는 사람의 창의성과 상상력이 필요하다.

memo

송학병반 松鶴拼盤 | sōng hè pīn pán
송 학 병 반

시험시간 60분

조리법 : 蒸 칼질방법 : 片

요구사항

주어진 재료를 사용하여 '송학병반'을 만드시오.

❶ 소나무와 학을 표현하시오.

수험자 유의사항

❶ 모든 재료는 반드시 익혀야 한다.

지급재료

주재료

닭고기(1.2kg) 1마리

부재료

표고버섯 2개

오이 1개

통후추 2알

만드는 법

❶ 닭가슴살은 소금, 후춧가루, 청주로 밑간을 한 후 찜통에 20분 정도 찐다.

❷ 오이, 소금, 식초물에 15분 정도 담갔다가 끓는 물에 데쳐 원하는 모양으로 잘라서 준비한다.

❸ 표고버섯은 불려 원하는 모양으로 잘라서 소나무를 표현한다. 오이로는 솔잎을 표현한다.

❹ 닭가슴살을 손으로 찢어 학의 몸통 뼈대를 만들고, 그 위에 칼로 닭가슴살을 잘라서 학의 전체적인 모양을 만든다. 그리고 오이로 학의 다리를 표현한다.

❺ 주어진 냉채의 재료를 균형감 있게 담아서 낸다.

전문가의 한마디

- 식사순서에서 가장 먼저 제공되는 요리가 냉채(전채)이다. 식사의 목적과 분위기에 따라 효과를 내기 위해 '병반(냉채)'에 의미를 부여하고 표현한다.
- 병반의 수준은 레스토랑의 분위기와 수준, 그리고 그날 제공될 음식을 미리 예측할 수 있다.

memo

오품냉채 五品冷菜 | wǔ pǐn lěng cài

오 품 냉 채

시험시간 40분

조리법 : 煮 칼질방법 : 片, 絲

요구사항

주어진 재료를 사용하여 '오품냉채'를 만드시오.

❶ 당근은 꽃을 조각하고, 파슬리로 장식하시오.

❷ 오리알은 찜통에 쪄서 사용하시오.

수험자 유의사항

❶ 주어진 재료는 반드시 익어야 한다.

지급재료

주재료

해파리 100g, 중새우 4마리
오리알 1개, 전복 2마리
오징어 1마리

부재료

오이 1개, 당근 $\frac{1}{2}$개
파슬리 10g, 케첩 50g
겨자 10g, 마늘 2쪽

향신료

대파 50g, 생강 10g

양 념

청주 15g, 간장 5g
설탕 15g, 고추기름 15g
식초 30g, 참기름 5g

만드는 법

❶ 찜통을 준비하여 김이 오르면 오리알 포장지를 벗겨 10분간 찐다. 겨자는 끓는 물을 사용하여 반죽한 뒤 찜통 위에서 10분 정도 발효시켜 준비한다.

❷ 오이는 편과 채를 썰어 그릇에 가지런히 담아둔다. 마늘은 곱게 다져 마늘 소스에 사용할 수 있게 준비한다.

❸ 오징어는 껍질을 벗겨 칼집을 넣고 썰어 준비하고, 새우는 내장만 제거하여 껍질째 준비한다. 전복은 깨끗이 손질하여 준비한다.

❹ 팬에 물을 끓여 해파리, 새우, 전복, 오징어를 데쳐 준비한다. 재료를 한꺼번에 넣는 것이 아니라 각기 다른 팬을 사용해야 한다. 해파리는 끓는 물에 그냥 삶아 준비하지만, 나머지 재료는 삶는 물에 대파, 청주, 생강, 소금을 넣고 데쳐야 한다. 특히 새우는 허리가 꼬부라질 때까지 삶아야 완전히 익는다.

❺ 삶아진 전복은 내장과 이빨을 제거한 뒤 얇게 편을 떠 준비하고, 새우는 껍질을 제거하고 2등분 편으로 썬다. 오징어는 살짝 데쳐내야 한다.

❻ 접시에 오이채를 깔고 해파리를 잘 버무려 접시의 중앙에 놓는다. 색을 고려하여 접시 밑에 작은 편으로 오이 썬 것을 깔고, 그 위에 준비한 재료를 가지런히 담고 당근꽃과 파슬리로 장식하고 소스를 담아 낸다.

전문가의 한마디

- 일반적으로 해파리에는 마늘소스를 사용하며, 오징어와 새우는 겨자소스를 사용하고, 전복은 케첩소스를 사용한다.
- 새롭게 변화를 주어도 무방하다.

memo

오징어냉채 凉拌鱿魚(墨魚) | liáng bàn yóu yú(mò yú)

량 반 유 어 (묵 어)

시험시간 **20**분

조리법 : 煮 칼질방법 : 片

요구사항

주어진 재료를 사용하여 '오징어냉채'를 만드시오.

❶ 오징어는 칼집을 넣어 4cm×2cm 크기로 자르시오.

❷ 겨자는 발효시켜 사용하시오.

수험자 유의사항

❶ 주어진 재료는 반드시 익어야 한다.

지급재료

주재료
오징어 500g

부재료
오이 200g

양 념
겨자 15g, 뜨거운 물(40℃) 10g
식초 15g, 설탕 15g
소금 0.1g, 참기름 3g

만드는 법

1. 오이는 깨끗이 씻어 반을 갈라(3mm×0.2mm) 어슷하게 썰어 준비한다.
2. 오징어는 껍질을 제거하고 내장쪽에 일정하게 칼집을 넣는다. 칼집 넣은 방향과 직각으로 다시 칼집을 넣은 후 길이(4cm×2cm)로 잘라 끓는 물에 소금을 넣고 살짝 데쳐 찬물에 식혀 준비한다.
3. 접시에 ①의 오리를 깔고, 그 위에 모양 낸 오징어를 가지런히 돌려 담는다.
4. 준비된 소스를 끼얹는다. 따로 곁들여 내기도 한다.
5. 파슬리와 당근꽃으로 장식한다.

전문가의 한마디

- 일반적으로 해파리에는 마늘소스를 사용하며, 오징어와 새우는 겨자소스를 사용하고, 전복은 케첩소스를 사용한다.
- 새롭게 변화를 주어도 무방하다.

memo

관자냉채 鮮貝冷菜 | xiān bèi lěng cài

선 패 냉 채

시험시간 20분

조리법 : 炒 칼질방법 : 片

요구사항

주어진 재료를 사용하여 '관자냉채'를 만드시오.

❶ 관자는 끓는 물에 살짝 데쳐 사용하시오.

수험자 유의사항

❶ 불을 사용하는 재료는 반드시 익어야 한다.

지급재료

주재료
관자 50g

부재료
대파 5g, 생강 2g

양 념
청주 10g, 팔각 1개
소금 3g, 참기름 5g

만드는 법

❶ 끓는 물에 대파, 생강, 청주를 넣고, 얇게 편 썰은 관자를 살짝만 데친다.

❷ 팬에 참기름과 팔각(따료)을 넣고, ①의 데친 관자를 넣어 소금간을 한 뒤 재빨리 볶아낸다.

❸ 접시에 오이를 깔고 볶은 관자를 가지런히 담고, 파슬리와 당근꽃으로 장식한다.

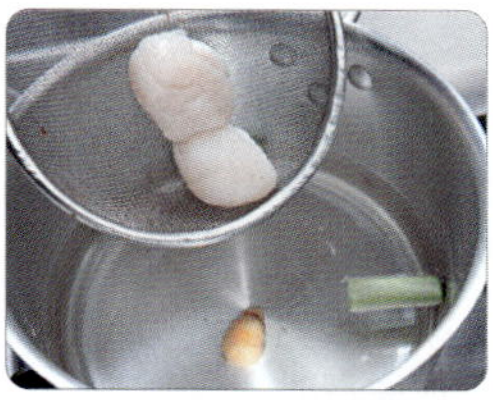

전문가의 한마디

• '관자냉채'에 사용되는 팔각은 접시에 올리지 않는다. 먹을 수 없는 재료이고, 단지 향을 내는 데에만 사용한다.

memo

왕새우냉채 大蝦冷菜 | dà xiālěngcài

대 하 냉 채

시험시간 **25** 분

조리법 : 煮 칼질방법 : 片

요구사항

주어진 재료를 사용하여 '왕새우냉채'를 만드시오.

❶ 왕새우는 내장을 제거한 뒤 껍질째 삶아 사용하시오.

❷ 겨자는 발효시켜 사용하시오.

수험자 유의사항

❶ 왕새우가 충분히 익어야 한다.

지급재료

주재료

왕새우 50g

부재료

오이 1개

양 념

겨자 15g

뜨거운 물(40℃) 10g

식초 15g, 설탕 15g

소금 0.1g, 참기름 3g

만드는 법

❶ 오이는 반으로 자른 다음, 편으로 썰어 접시에 모양을 잡아 담는다.

❷ 왕새우는 내장을 제거한 뒤 대파, 생강, 청주, 소금을 넣고 껍질째 끓는 물에 삶으며, 머리와 껍질을 제거한 뒤 반으로 갈라 사용한다.

❸ 겨자는 끓는 물로 반죽하여 15분 정도 숙성하여 소스를 만든다.

❹ 겨자소스를 끼얹어 낸다. 파슬리와 당근꽃으로 장식한다.

전문가의 한마디

• '왕새우냉채'는 충분히 삶고, 가급적 머리와 꼬리를 장식에 사용하지 않는 것이 시험에 적합하다. (가식 부위만 접시에 담는다는 것을 전제로 한다.)

memo

전복냉채 鮑魚冷菜 | bàoyúlěngcài

포 어 냉 채

시험시간 **20**분

조리법 : 煮 칼질방법 : 片

요구사항

주어진 재료를 사용하여 '전복냉채'를 만드시오.

❶ 전복은 끓는 물에 익혀 사용하시오.

❷ 전복의 이빨은 반드시 제거한 후 얇게 편으로 써시오.

수험자 유의사항

❶ 전복을 깨끗이 닦은 다음 껍질째 삶아 사용한다.

지급재료

주재료
전복(중 2개) 150g

부재료
오이 30g

향신료
마늘 5g

양 념
케첩 30g, 고추기름 10g
설탕 10g

만드는 법

❶ 오이는 깨끗이 씻은 후 전복 크기로 편을 썰어 전복 사이사이에 넣어 그릇에 담는다.

❷ 싱싱한 전복을 깨끗이 씻어 끓는 물에 대파, 생강, 소금과 청주를 넣고 3분 정도 삶아 건진 후 껍질을 분리하고, 이빨과 내장을 제거한 뒤 얇게 포를 떠서 준비한다.

❸ 준비한 오이와 전복을 가지런히 포개어 접시에 담는다. 소스는 케첩, 고추기름, 설탕, 마늘을 넣고 골고루 섞어 완성한다.(샐러리와 대파가 주어지면 곱게 다져 넣으면 좋다.)
※ 지급목록에는 없다.

❹ 소스를 위에 끼얹고, 파슬리와 당근꽃으로 장식한다.

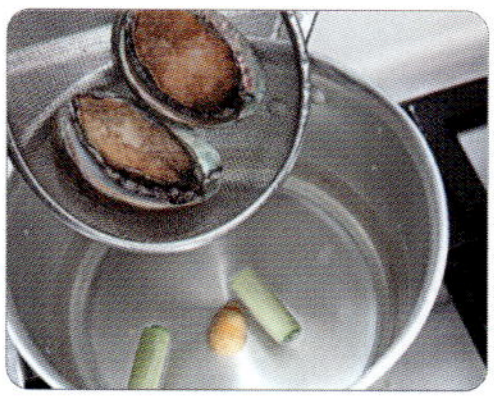

전문가의 한마디

- 전복을 데칠 때는 껍질째 삶는다. 그래야 형태가 흐트러지지 않는다.
- 너무 오래 삶지 않아야 한다.

memo

시험시간 **40**분

오향장육 五香醬肉 | wǔ xiāng jiàng ròu

오 향 장 육

조리법 : 滷, 煮 칼질방법 : 塊, 片

요구사항

주어진 재료를 사용하여 '오향장육'을 만드시오.

❶ 고기는 핏물을 제거한 후 한 번 삶아낸 후에 사용하시오.

수험자 유의사항

❶ 간장의 색과 향이 너무 진하지 않게 유의한다.

지급재료

주재료

소고기사태(돼지고기사태) 200g
오이 50g

향신료

팔각 3개, 건고추 1개, 오향분 3g
대파(흰부분 6cm 정도) 1토막
고수 10g, 생강 10g

양 념

물 2L, 간장 120g, 설탕 50g
소금 5g, 색깔간장 5g

만드는 법

❶ 고기는 찬물에 담가 핏물을 충분히 제거한 뒤 한 번 끓는 물에 삶아내고, 찬물로 깨끗이 씻어 준비한다.
❷ 팬에 물 2L, 간장 120g, 소금 5g, 굴소스, 팔각 3개, 건고추 1개, 오향분 3g, 대파 6cm, 생강 10g, 설탕 50g, 색깔간장 5g을 넣고 중간불로 20분 정도 삶아 식혀 준비한다.
❸ 대파는 가늘게 채 썰어 찬물에 담가 준비하고, 오이는 반달 모양으로 썰어 접시 밑에 깐다.
❹ ②의 고기를 먹기 좋은 크기로 잘라서 ③의 접시에 가지런히 담고, 그 위에 대파와 고수를 올리고, 고기 삶은 물과 약간의 고추기름을 넣어 소스로 뿌려준다.
❺ 파슬리와 당근꽃으로 장식한다.

전문가의 한마디

- '오향'은 "다섯 가지의 향"을 의미한다. 소회향, 대회향(팔각), 정향, 진피(귤껍질), 계피가 일반적이다.
- 장육을 할 때 돼지껍질을 넣어 끓이면 소스의 맛을 증가시킬 수 있으며, 소스가 식으면서 응고되어 덩어리의 소스로 사용할 수도 있다. 이것을 동(冻, dòng)이라고 한다.

memo

시험시간 25분

게살삭스핀수프 蚧肉魚翅湯 | xiè ròu yú chì tāng

해 육 어 시 탕

조리법 : 湯 칼질방법 : 絲

요구사항

주어진 재료를 사용하여 '게살삭스핀수프'를 만드시오.

❶ 게살은 끓는 물에 데쳐 사용하시오.

❷ 달걀흰자를 사용하여 게의 거품을 표현하시오.

수험자 유의사항

❶ 수프의 농도에 유의한다.

지급재료

주재료
게살 60g, 상어지느러미 10g

부재료
팽이버섯 15g

향신료
대파 30g, 생강 2g
달걀 1개

양 념
육수(또는 물) 180g, 소금 2g
청주 5g, 물녹말 7g
달걀흰자 15g, 참기름 0.2g

만드는 법

❶ 팽이버섯은 먹기 좋게 잘라 준비한다. 게살은 잘게 찢어놓고 끓는 물에 데쳐 준비하며, 달걀흰자는 거품이 나게 친다.
❷ 팬에 튀김기름을 두르고 뜨거워지면 대파, 생강, 청주를 두르고 향을 낸 후 육수를 붓고 게살과 팽이를 넣어 간장 약간, 소금, 후춧가루로 간을 한다.
❸ ②가 끓으면 물녹말로 걸쭉하게 한 뒤 달걀흰자를 풀어 넣는다.
❹ ③에 참기름을 넣고 담는다. 대파 송송 썬 것을 살짝 얹어 낸다.

전문가의 한마디
• 달걀흰자를 충분히 쳐서 거품을 올린 다음, 수프에 녹말을 풀어 넣어 거품의 형태가 유지되게 하는 것이 관건이다.

memo

비취관자 翡翠鮮貝 | fěicuìxiānbèi

비 취 선 패

시험시간 25분

조리법 : 湯 칼질방법 : 泥

요구사항

주어진 재료를 사용하여 '비취관자'를 만드시오.

1. 시금치는 곱게 갈아 달걀흰자와 섞어 구슬 모양으로 표현하시오.
2. 맑은 탕이므로, 녹말을 사용하지 마시오.

수험자 유의사항

1. 관자는 끓는 물에 살짝 데쳐 사용하여 국물이 탁해지는 것을 방지한다.

지급재료

주재료

관자 50g, 시금치 60g

부재료

달걀 1개

향신료

다진마늘 2g

흰후춧가루 0.2g

양 념

육수(또는 물) 150g

청주 15g, 소금 2g

조미료 1g, 참기름 1g

식용유 200g

만드는 법

1. 시금치는 깨끗이 씻어 곱게 다지거나 믹서기에 갈아 소창(면보)을 이용하여 물기를 완전히 제거한다.
2. 마늘은 곱게 다져 준비한다. 달걀은 흰자를 구분하여 거품을 쳐서 준비한다.
3. 관자는 얇게 편을 썰어 채를 썬 다음, 끓는 물에 데쳐 준비한다.
4. ①의 시금치와 ②의 달걀흰자를 섞어 70~80℃의 기름에 넣고, 젓가락을 사용하여 재빨리 익혀준다. 이 때 기름의 온도를 서서히 높여준다.(불조절에 주의해야 한다. 채에 걸러 준비한다.)
5. 팬을 코팅하여 청주와 마늘, 육수를 넣고 ④의 시금치를 넣어 소금간을 한 뒤, ③의 관자를 넣고 소량의 참기름으로 마무리한다.

전문가의 한마디

- '비취관자'는 맑은 탕이므로 녹말을 사용하지 않는다.
- 시금치와 달걀흰자를 섞어 기름에 익힐 때는 온도가 너무 높지 않아야 한다. 젓가락에 묻혀 온도 체크를 해보는 것도 좋은 방법이다.

memo

부용관자 芙蓉鮮貝 | fú róng xiān bèi

부 용 선 패

시험시간 25분

조리법 : 湯, 蒸 칼질방법 : 片

요구사항

주어진 재료를 사용하여 '부용관자'를 만드시오.

❶ 찌는 방법을 사용하여 수프의 형태로 만드시오.

수험자 유의사항

❶ 관자를 넣은 다음 찜통에 넣어 한 김 올려야 한다.

지급재료

주재료
관자 50g, 달걀 2개

부재료
완두콩 10알

향신료
대파(흰부분 4cm 정도) 1토막
마늘 2쪽, 생강 2g

양 념
육수(또는 물) 100g
청주 15g, 소금 2g

만드는 법

❶ 대파와 생강은 곱게 다져 준비한다.
❷ 달걀흰자를 분리하여 물을 넣고, 소금간을 하여 찜통에 8분 정도 찐다.
❸ 관자는 얇게 편을 떠서 준비한다.
❹ ②의 달걀에 관자를 가지런히 담고, 다시 찜통에 2분 정도 쪄낸다.
❺ 코팅된 팬에 청주와 육수를 넣어 대파, 생강 다진 것을 넣고, 소금간을 한 뒤 완두콩을 넣고 물녹말로 농도를 맞춘다.
❻ ⑤의 수프를 ④의 그릇에 담아 낸다. 연꽃의 모양을 표현해 준다.

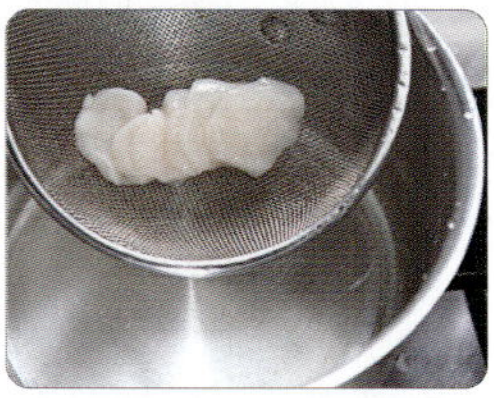

전문가의 한마디

• '부용(芙蓉)'은 "연꽃"을 의미한다. 따라서 관자와 달걀을 사용하여 연꽃을 표현해 주는 것이 관건이다. 녹색의 완두콩이 들어가면 연밥의 형태가 잘 표현된다.

memo

삼선탕(서호탕) 三鮮湯(西湖湯) | sān xiān tāng(xī hú tāng)

삼 선 탕 (서 호 탕)

시험시간 **25**분

조리법 : 湯 칼질방법 : 小片

요구사항

주어진 재료를 사용하여 '삼선탕'을 만드시오.

❶ 맑은 탕으로 제시하시오.

수험자 유의사항

❶ 일반적으로 맑은 탕은 녹말을 사용하지 않는다.

지급재료

주재료
해삼 15g, 새우 10g
전복 10g

부재료
죽순 5g, 표고버섯 5g
청경채 5g

향신료
대파(흰부분 4cm 정도) 1토막
생강 2g

양 념
청주 15g, 소금 2g, 참기름 1g

만드는 법

❶ 오이, 표고버섯, 죽순, 청경채는 작은 편으로 썰어 끓는 물에 살짝 데쳐 준비한다.

❷ 대파, 생강은 곱게 다져 준비한다.

❸ 해삼, 새우, 전복은 작은 편으로 썰어 끓는 물에 살짝 데쳐 준비한다.

❹ 코팅된 팬에 청주, 육수, ①의 채소와 ③의 해물을 넣고 대파, 생강, 소금(간장), 후춧가루를 넣는다. 끓으면 거품을 걷어내고 참기름을 넣어 마무리한다.

전문가의 한마디

• '삼선탕'과 '서호탕'은 일반적으로 같은 요리이다. 주재료의 표현을 강조한다면 삼선탕이라는 이름을 사용하게 된다. 서호(西湖)는 절강성 항주에 있는 호수의 이름이다.

memo

시험시간 20분

은이구기자탕 銀耳枸杞子湯 | yín ěr gǒu qǐ zǐ tāng
은 이 구 기 자 탕

조리법 : 湯 칼질방법 : 片

요구사항

주어진 재료를 사용하여 '은이구기자탕'을 만드시오.

❶ 구기자와 은이버섯은 물에 불려 사용하시오.

수험자 유의사항

❶ 녹말을 사용하지 않는 요리이므로 맑게 끓여 내야 한다.

❷ 설탕의 과도한 사용으로 단맛이 강하게 나는 것에 유의한다.

지급재료

주재료
은이버섯 15g, 구기자 15g
죽생 5g

양 념
청주 15g, 얼음설탕 10g
소금 0.1g, 육수(또는 물) 150g

만드는 법

❶ 은이버섯, 구기자, 망토버섯은 뜨거운 물에 불린 후 끓는 물에 데쳐 준비한다.

❷ 코팅된 팬에 청주를 넣은 후 육수 150g을 넣고, ①의 데친 재료를 넣어 소금 0.1g과 얼음설탕으로 간을 한다.

❸ 수프볼에 담아 완성한다.

전문가의 한마디

• 일반적으로 '은이구기자탕'은 찜통에 30분 정도 찜을 하게 되면 은이버섯의 액이 흘러나와 자연스럽게 농도가 형성된다. 여기서는 간단한 방법을 사용하였다. 일반적으로 얼음설탕을 사용하였는데, 은은한 단맛이 특징이다.

memo

새우완자탕 蝦仁丸子湯 | xiā rén wán zi tāng

하 인 환 자 탕

시험시간 25분

조리법 : 湯 칼질방법 : 泥, 小片

요구사항

주어진 재료를 사용하여 '새우완자탕'을 만드시오.

❶ 완자는 새우살과 달걀흰자, 녹말가루를 이용하여 2cm 정도의 크기로 만드시오.

❷ 완성품은 국그릇에 완자를 담고 국물을 부어 내시오.

수험자 유의사항

❶ 국물은 맑게 끓여내야 한다.

지급재료

주재료
새우살 100g

부재료
달걀 1개, 양송이(캔) 1개
죽순 30g, 청경채 1포기

향신료
대파(흰부분 6cm 정도 1토막

양 념
청주 10g, 소금 10g
참기름 5g, 녹말 50g
육수(또는 물) 400g

만드는 법

❶ 달걀은 흰자만 구분하여 잘 쳐서 준비한다.
❷ 죽순, 양송이, 청경채는 얇게 편을 썰어 끓는 물에 데쳐 준비한다.
❸ 대파는 쌀알 크기로 썰어 준비한다.
❹ 새우살을 곱게 다진 후 면보에 싸서 물기를 완전히 제거한다. 소금, 후춧가루, 달걀흰자, 녹말을 넣어 충분히 저어 섞어준다.
❺ 팬에 물을 넣고 끓을 때 왼손으로 완자를 쥐어 오른손에 숟가락을 들고 2cm 크기로 떼어 넣는다.(물에 익으면 완자가 부풀어 커지므로 조금 작게 빚는다.)
❻ 완자가 물 위에 뜨면 건져 그릇에 담아 놓는다.
❼ 팬에 청주 10g을 넣고 알코올을 날린 뒤 육수 400g을 넣는다. 그리고 데친 야채를 넣은 뒤 소금 4g을 넣고 간을 한다.
❽ 후춧가루와 참기름을 넣고 향을 낸 뒤 ③의 대파를 넣어 그릇에 담아 낸다.

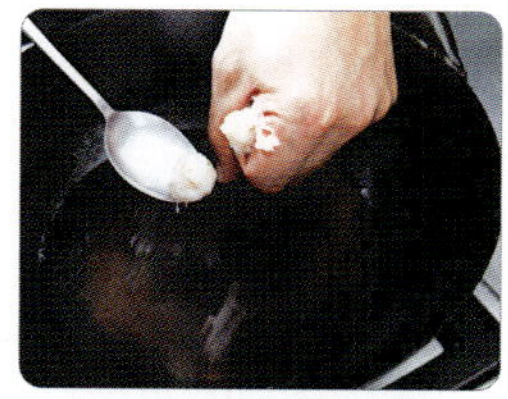

전문가의 한마디

- 새우살은 곱게 다진 뒤 물기를 꼭 짜야 한다. 완자반죽을 할 때 달걀흰자를 사용하고, 녹말을 충분히 넣고 식초를 몇 방울 첨가하면 좋다. 반죽한 완자는 숟가락보다는 왼손을 사용하여 만드는 연습을 하고, 반드시 완자는 끓는 물에 넣어 익혀야 한다.
- 완자가 물에 뜨면 건져낸다.
- 새우살을 다질 때는 칼의 면을 사용하면 좋다.

※ 완자의 모양이 곱게 나오기 위해서는 새우살을 곱게 다지는 것이 매우 중요하다.

memo

홍소삭스핀 紅燒排翅 | hóng shāo pái chì
홍 소 배 시

시험시간 25분

조리법 : 紅燒 칼질방법 : 絲

요구사항

주어진 재료를 사용하여 '홍소삭스핀'을 만드시오.

❶ 상어지느러미는 찜통에 쪄서 사용하시오.

❷ 소스는 갈색이 나도록 하고, 녹말이 덩어리지지 않도록 하시오.

수험자 유의사항

❶ 소스의 양이 너무 적거나 많지 않도록 유의한다.

❷ 색깔간장의 과도한 사용으로 너무 짙은 색이 나지 않도록 유의한다.

지급재료

주재료
상어지느러미 150g

부재료
청경채 1포기
숙주(팽이버섯) 30g

향신료
대파(흰부분 4cm 정도) 1토막
생강 2g

양 념
파기름 30g
육수(또는 물) 100g
간장 5g, 청주 15g
굴소스(설탕 약간) 15g
후춧가루 0.1g, 색깔간장 3g
물녹말 15g, 참기름 0.2g

만드는 법

❶ 상어지느러미를 물에 불려 육수, 파기름, 청주, 대파, 생강, 소금을 넣고 미리 쪄서 준비한다.
❷ 청경채와 숙주는 깨끗이 손질하여 준비한다.
❸ 팬에 파기름을 넣고 숙주를 살짝 볶아 접시에 담아, 바로 청경채를 넣어 육수 30g과 소금 0.2g을 넣고 물녹말을 넣어 마무리하여 접시에 담는다.
❹ ①의 찐 상어지느러미를 물기제거 후 숙주 위에 올린다.
❺ 팬에 기름을 넣고 생강, 청주, 간장, 육수, 굴소스, 조미료, 설탕을 넣고 간을 한 뒤, 육수가 끓은 다음 불을 끄고 국자에 물녹말을 준비하여 육수에 넣고 골고루 섞어준다.
❻ 잘 섞인 것을 확인한 후 불을 서서히 가하면서 걸쭉한 농도가 되었을 때 저어준다.
❼ 마무리로 파기름, 참기름을 넣고 상어지느러미 위에 끼얹는다.

전문가의 한마디

• 상어지느러미의 소스를 만들 때, 소스가 끓은 다음 불을 끄고 물녹말을 골고루 저어 섞어준 다음, 다시 불을 켜고 끓을 때까지 국자로 젓지 않는다. 완성되면 파기름과 참기름을 넣고, 젓지 않고 그대로 상어지느러미 위에 올린다.

memo

삼슬어시 三絲魚翅 | sān sī yú chì

삼 사 어 시

시험시간 25분

조리법 : 炒 칼질방법 : 絲

요구사항

주어진 재료를 사용하여 '삼슬어시'를 만드시오.

❶ 주어진 모든 재료는 채로 써시오.

❷ 소스의 색은 흰색으로 하시오.

❸ 브로콜리는 주재료와 분리하여 조리하시오.

수험자 유의사항

❶ 상어지느러미는 따뜻하게 하여 사용한다.

지급재료

주재료
상어지느러미 30g, 해삼 1g
새우 2g, 전복 1g
소고기 30g(선택)

부재료
표고버섯 6g, 죽순 7g
청경채 1포기, 브로콜리 150g
달걀 5g, 전분 4g

향신료
대파(흰부분 4cm 정도) 1토막
마늘 2쪽, 생강 8g

양 념
파기름 30g, 청주 15g, 소금 8g
육수(또는 물) 8g, 굴소스 5g
녹말 10g, 참기름 2g

만드는 법

❶ 부재료는 먹기 좋은 크기로 채로 썰어 끓는 물에 데쳐 준비한다. 브로콜리는 3cm 크기로 손질하여 데쳐 준비한다.

❷ 향신료인 마늘, 생강은 다지고, 파는 사(絲)로 썰어 준비한다.

❸ 주재료 소고기는 채로 썰어 청주, 소금, 후춧가루로 밑간한다. 해물은 채로 썰고, 새우는 내장 제거 후 등에 칼집을 내고 청주, 소금, 후춧가루로 밑간을 한다. 밑간을 한 소고기와 새우는 각각 달걀과 녹말로 양념하여 각각 기름에서 데친다. 상어지느러미는 끓는물에 살짝 데쳐 사용한다.

❹ 코팅된 팬에 ①의 데친 브로콜리를 넣고 육수와 소금으로 간을 하여 볶아낸 뒤, 접시 가장자리에 보기 좋게 담아 준비한다.

❺ 팬에 파기름을 넣고 대파, 마늘, 생강을 넣은 후 청주, 간장을 넣는다. ①의 부재료를 넣어 볶다가 육수를 넣고 끓으면 ③의 새우와 소고기를 넣고 소금, 후춧가루로 간을 한 뒤, 녹말로 각각의 재료가 혼합되도록 한다. 참기름을 넣어 ④의 접시에 담는다.

❻ 팬에 기름 30g을 넣고, 생강과 물 90g에 소금간을 하여 물녹말로 뚜껑의 농도를 맞춰 요리 위에 끼얹어 주고 그 위에 상어지느러미를 올린다.

전문가의 한마디

- '삼사어시(三絲魚翅)'는 중국어 발음이 '싼쓰위츠' 또는 '싼쓸위츠'가 된다. 유산슬과 비슷하며, 그 위에 상어지느러미와 뚜껑의 형태로 소스를 얹는 차이가 있다는 것을 명심해야 한다.
- 뚜껑을 만들 때는 팬이 잘 코팅되어 있어야 하며, 기름을 넣고 육수를 넣을 때 기름의 양보다 육수의 양이 3배 정도는 많아야 한다. 기름이 너무 많으면 기름이 튀어 다칠 수도 있다.
- 소스에 녹말을 넣을 때는 끓은 다음, 불을 끄고 한 번에 완성하는 것이 가장 이상적이며, 다시 불을 켜고 젓지 않고 녹말이 완전히 익은 다음 빠르게 저어 완성해야 한다.

memo

삼선어시 三鮮魚翅 | sān xiān yú chì

삼 선 어 시

시험시간 25분

조리법 : 炒 칼질방법 : 片

요구사항

주어진 재료를 사용하여 '삼선어시'를 만드시오.

❶ 모든 재료는 편으로 썰어 조리하시오.

❷ 소스의 색은 갈색으로 하시오.

수험자 유의사항

❶ 상어지느러미는 따뜻하게 하여 사용한다.

지급재료

주재료
상어지느러미(불린 것) 30g
해삼 30g, 새우 30g, 전복 30g

부재료
달걀 1개, 표고버섯 20g
죽순 20g, 청경채 5포기
브로콜리 50g(선택)

향신료
대파(흰부분 4cm 정도) 1토막
마늘 2쪽, 생강 2g

양 념
파기름 9g, 청주 15g, 간장 8g
육수(또는 물) 8g, 굴소스 5g
색깔간장 4g, 후춧가루 0.1g
녹말 15g, 참기름 4g

만드는 법

❶ 부재료는 모두 먹기 좋은 크기로 편으로 썰어 끓는 물에 데쳐 준비한다. 청경채는 반으로 잘라 끓는 물에 데쳐 준비한다.

❷ 향신료인 마늘, 생강은 다지고, 파는 편으로 썰어 준비한다.

❸ 주재료 해물과 소고기는 편으로 썰고, 새우는 내장을 제거한 후 등에 칼집을 내고, 새우와 소고기는 각각 소금, 후춧가루, 청주로 밑간을 한 뒤 달걀과 녹말로 양념하여 각각 기름에 데친다.

❹ 팬에 파기름을 넣고 ①의 데친 청경채를 넣어 소금, 육수로 간을 한 뒤, 물녹말을 풀어 접시의 가장자리에 보기 좋게 담는다.

❺ 대파, 마늘, 생강을 넣고 청주, 간장을 넣은 뒤, 청경채를 제외한 부재료 ①을 넣고 볶다가 육수를 넣어 끓으면 ③을 넣고 굴소스, 소금, 후춧가루로 간을 한다. 녹말로 각각의 재료가 혼합되도록 한 뒤 참기름을 넣고 ④의 접시에 담는다. 그리고 따뜻하게 데친 상어지느러미를 올린다.(상어지느러미를 나중에 올릴 수도 있다.)

❻ 코팅팬에 파기름 30g, 육수 100g을 넣고 간장, 굴소스, 색깔간장으로 색을 낸 뒤에 물녹말을 넣고 뚜껑소스를 만들어 ④의 접시 위에 끼얹어준다.

전문가의 한마디

- '삼사어시'와 '삼선어시'의 차이는 재료의 칼질법이다.
- 장식하는 야채는 청경채와 브로콜리를 자유롭게 선택하면 된다.
- 요리의 색깔은 흰색이든 갈색이든 무방하다. 시험에서 제시하는 요구조건에 맞추어 진행하면 된다.
- 여기에서의 '삼사어시'는 류산슬을 기준으로 해서 흰색으로 진행했으며, '삼선어시'는 갈색으로 진행하였다.

memo

팔진어시 八珍魚翅 | bā zhēn yú chì
팔 진 어 시

시험시간 25분

조리법 : 炒 칼질방법 : 片

요구사항

주어진 재료를 사용하여 '팔진어시'를 만드시오.

❶ 모든 재료는 편으로 썰어 사용하시오.

❷ 소스의 색은 갈색으로 하시오.

※가니쉬 재료가 요구사항에 나올 수도 있다.

수험자 유의사항

❶ 상어지느러미는 따뜻하게 하여 사용한다.

지급재료

주재료
상어지느러미 20g
해삼 20g, 갑오징어 20g
중새우 40g, 관자 20g
소라살(대체 가능) 10g

부재료
청경채 1포기, 표고버섯 15g
죽순 15g, 청피망 15g
홍피망 15g, 브로콜리 20g

향신료
대파(흰부분 4cm 정도) 1토막
마늘 2쪽, 생강 2g

양 념
파기름 30g, 청주 15g
소금 2g, 간장 1g
굴소스 15g, 육수(또는 물) 50g
녹말 30g, 참기름 1g

만드는 법

❶ 부재료는 먹기 좋은 크기로 편(片)을 썰어 끓는 물에 데쳐 준비한다.
❷ 대파는 편으로 썰고 마늘, 생강은 다진다.
❸ 해삼, 갑오징어, 소라살을 편으로 썰어 끓는 물에 데쳐 준비한다. 새우는 소금, 후춧가루, 달걀흰자, 전분기름에 데친다.
❹ 팬에 파기름, 대파, 마늘, 생강, 청주를 넣고 ①의 재료와 육수를 넣는다. 소금, 간장, 굴소스, 후춧가루, ③의 주재료를 넣고 물녹말을 넣은 후 참기름 1g을 넣어 접시에 담는다. 상어지느러미채를 올려준다.
❺ 팬에 파기름 30g, 대파, 생강, 청주 그리고 육수 50g, 소금, 물녹말 10g을 넣어 뚜껑소스를 만들어 끼얹는다.

전문가의 한마디

- 브로콜리나 청경채가 많이 주어지면, 살짝 볶아 접시의 가장자리에 담는 것도 요리의 품격을 살릴 수 있다.
- 지급재료의 목록과 시험 요구사항을 잘 파악해야 한다.

memo

해육어시 蟹肉魚翅 | xiè ròu yú chì

해 육 어 시

시험시간 25분

조리법 : 炒 칼질방법 : 絲

요구사항

주어진 재료를 사용하여 '해육어시'를 만드시오.

❶ 모든 재료는 채로 썰어 준비하시오.

❷ 소스의 색은 흰색으로 하시오.

수험자 유의사항

❶ 상어지느러미는 따뜻하게 하여 사용한다.

지급재료

주재료
상어지느러미 30g, 게살 160g

부재료
죽순 50g, 청경채 100g
표고버섯 50g, 팽이버섯 10g
브로콜리 150g(선택)

향신료
대파(흰부분 4cm 정도) 1토막
생강 2g

양 념
파기름 30g, 청주 15g
육수(또는 물) 50g, 소금 2g
후춧가루 0.1g, 녹말 15g
참기름 1g

만드는 법

❶ 표고버섯과 죽순, 청경채를 채 썰어 끓는 물에 데쳐 준비한다. 팽이버섯은 뿌리부분을 잘라 준비하고, 브로콜리는 물에 데친 뒤 파기름으로 살짝 볶아 소금과 육수를 넣고 간을 한 후 녹말처리 후 접시에 두른다.
❷ 대파는 사(絲)로 썰고, 생강은 다진다.
❸ 게살은 잘게 찢어 끓는 물에 데쳐 준비한다.
❹ 팬에 파기름, 대파, 생강, 청주, ①의 표고버섯, 죽순 재료를 넣어 볶다가 게살과 팽이를 넣고 육수, 소금, 후춧가루, 물녹말, 참기름으로 마무리한 후 접시에 담고, 상어지느러미를 그 위에 올린다.
❺ 팬에 파기름 30g, 청주 15g, 대파 3g, 생강 0.2g과 육수 50g, 소금 2g, 물녹말 10g, 파기름 5g, 참기름 1g을 접시 위에 끼얹어준다.

전문가의 한마디

- 브로콜리가 주어지면 접시의 가장자리에 둘러주는데, 요리의 품격을 살릴 수 있다.
- 기능장시험은 지급목록과 시험의 요구사항이 변동될 수 있다. 따라서 시험에 응시할 때는 꼼꼼하게 잘 살펴보고 시험에 응하는 것이 매우 중요하다.

memo

시험시간 20분

가상해삼 家常海蔘 | jiā cháng hǎi shēn

가 상 해 삼

조리법 : 炒 칼질방법 : 末

요구사항

주어진 재료를 사용하여 '가상해삼'을 만드시오.

❶ 해삼은 4~5cm의 크기로 어슷한 편을 써시오.

❷ 부재료는 0.5cm×0.5cm의 크기로 잘게 썰고, 고기는 곱게 다져 조리하시오.

수험자 유의사항

❶ 해삼은 따뜻하게 전처리하여 넣는 것이 좋다.

❷ 소스의 양이 너무 많지 않아야 한다.

지급재료

주재료
해삼 200g

부재료
돼지고기(또는 소고기) 50g
청고추 20g, 홍고추 20g

향신료
대파 10g, 마늘 5g, 생강 2g

양 념
고추기름 30g, 두반장 10g
청주 10g, 간장 3g
굴소스 10g, 설탕 5g
후춧가루 0.1g, 녹말 10g
고추기름 5g, 참기름 1g

만드는 법

❶ 청 · 홍고추는 0.5cm×0.5cm 크기로 잘게 썰어 준비한다.
❷ 대파는 잘게 썰고 마늘, 생강은 곱게 다져 준비한다.
❸ 고기는 칼로 곱게 다진다. 해삼은 편으로 썰어 물(기름)에 데쳐 준비한다.
❹ 팬에 고추기름과 다진고기를 넣고 잘 볶아준다. 청주, 두반장을 넣고 다시 볶아준다. 간장, 굴소스, 설탕, ③의 해삼을 넣고 후춧가루를 넣어 볶은 다음 물녹말을 넣어 마무리한다.
❺ 고추기름과 소량의 참기름을 잘 섞어준 뒤 접시에 담는다.

전문가의 한마디

- 해삼과 소스가 잘 어울릴 수 있도록 고기의 양 조절이 필요하다.
- 해삼의 경우 물에 데쳐도 좋고, 기름에 데쳐도 좋다. 기름에 데쳐 사용하면 해삼의 풍미를 더욱 느낄 수 있다.

memo

일품해삼 一品海蔘 | yì pǐn hǎi shēn

일 품 해 삼

시험시간 30분

조리법 : 蒸 칼질방법 : 泥

요구사항

주어진 재료를 사용하여 '일품해삼'을 만드시오.

1. 브로콜리와 해삼은 분리하여 조리하시오.
2. 소스의 색은 흰색으로 하시오.

수험자 유의사항

1. 해삼속에 채우는 새우살이 떨어지지 않게 해야 한다.

지급재료

주재료
해삼 150g, 관자새우 100g

부재료
브로콜리 150g

향신료
대파(흰부분 4cm 정도) 1토막
생강 2g, 마늘 2쪽

양 념
달걀 1개, 가루전분 30g
소금 3g, 흰후춧가루 1g
물녹말 10g, 청주 15g

만드는 법

❶ 브로콜리는 3cm 정도로 덩어리지게 잘라내어, 끓는 물에 데쳐 파기름에 볶아 녹말처리하여 접시 가장자리에 담아 놓는다.
❷ 대파는 편을 썰고 마늘, 생강을 곱게 다진다.
❸ 새우살은 내장을 제거한 후 곱게 다져 소금, 후춧가루, 청주, 달걀, 녹말을 넣고 반죽한다.
❹ 불린 통해삼에 가루녹말을 묻히고, ③의 다진 새우살을 곱게 채워 넣어 찜통에 10분간 찐다.
❺ ④의 찐 해삼은 ①의 브로콜리를 담은 접시에 담는다.
❻ 코팅팬에 파기름 30g, 청주 15g, 대파 3g, 생강 0.2g과 육수 90g, 소금 2g, 물녹말 10g, 파기름 5g, 참기름 1g을 ⑤의 접시 위에 끼얹어준다.

전문가의 한마디

• '일품해삼'은 "가장 맛이 좋다" 또는 "으뜸"의 의미를 지니고 있다. 따라서 해삼을 가장 맛있게 먹는 방법에 의해 찜이라는 조리법을 사용한다. 새우살을 채워 풍미를 더한 요리이다.

memo

시험시간 **30**분

금사오룡해삼 金絲臥龍海蔘 | jīn sī wò lóng hǎi shēn

금 사 와 룡 해 삼

조리법 : 蒸, 炒 칼질방법 : 絲, 泥

요구사항

주어진 재료를 사용하여 '금사오룡해삼'을 만드시오.

❶ 모든 부재료는 채로 썰어서 요리하시오.

❷ 용이 누워 있는 와룡 형태를 표현하시오.

수험자 유의사항

❶ 해삼의 속을 채운 내용물이 떨어지지 않도록 유의한다.

지급재료

주재료
해삼 150g, 새우 100g

부재료
달걀 1개, 표고버섯 2개
죽순 30g, 청고추 15g
홍고추 15g, 건고추 2개

향신료
대파(흰부분 4cm 정도) 1토막
마늘 2쪽, 생강 2g

양 념
고추기름 30g, 청주 15g
간장 5g, 굴소스 5g
육수(또는 물) 80g
후춧가루 0.1g, 설탕 2g
가루녹말 30g, 물녹말 15g

만드는 법

1. 건고추는 가늘게 채를 썰고, 모든 부재료는 채를 썰어 준비한다.(끓는 물에 데쳐 준비한다.)
2. 대파는 채로, 마늘과 생강은 다져서 준비한다.
3. 새우는 곱게 다져 대파, 청주, 소금, 달걀흰자, 후춧가루, 녹말로 양념을 한 뒤 해삼을 끓는 물에 데친 후 속에 녹말을 묻힌다. 그리고 새우속을 넣어 2.5cm 크기로 썰어 녹말을 묻혀 찜통에 10분간 찐 후 잘라서 용의 형상으로 담아 놓는다.
4. 팬에 고추기름, 건고추채, 대파, 마늘, 생강, 청주, 부재료, 간장, 굴소스, 육수, 설탕, 후춧가루를 넣고, 끓으면 물녹말을 넣은 후 고추기름, 참기름으로 마무리한다. ③의 접시 위에 소스를 끼얹는다.

전문가의 한마디

- '용이 누워 있는 형상'을 표현해 주는 것이 이 요리의 핵심이다.
- 해삼을 찐 다음 튀겨서 해도 무방하고, 그대로 튀겨서 잘라도 무방하다.
- 여기서는 기름에 튀기지 않고 찜의 조리법을 사용하고, 소스는 따로 볶아 끼얹는 방식을 사용했다.

memo

해삼송이 海蔘松茸 | hǎi shēn sōng róng

해 삼 송 이

시험시간 20분

조리법 : 紅燒 칼질방법 : 片

요구사항

주어진 재료를 사용하여 '해삼송이'를 만드시오.

1. 모든 재료는 편을 썰어 사용하시오.
2. 해삼과 송이는 전처리하여 사용하시오.

수험자 유의사항

1. 주재료와 육수의 비율을 알맞게 조절해야 한다.
2. 요리의 색이 너무 검거나 희지 않게 조절해야 한다.

지급재료

주재료
해삼 150g, 송이 150g

향신료
대파(흰부분 4cm 정도) 1토막
마늘 2쪽, 생강 2g

양 념
파기름 30g, 청주 15g
간장 5g, 굴소스 10g
육수(또는 물) 150g
색깔간장 5g, 설탕 3g
물녹말 15g, 파기름 5g
참기름 1g

만드는 법

❶ 대파는 굵게 채(5cm×2cm)로 썰어 준비한다.
❷ 마늘은 편으로 썰고, 생강은 다져서 준비한다.
❸ 해삼과 송이는 편을 썰어 기름(물)에 데쳐 준비한다.
❹ 팬에 파기름을 넣고 대파, 생강, 청주, 간장, 굴소스, ③의 해삼과 송이를 넣는다.
❺ 굴소스, 육수, 색깔간장, 설탕, 물녹말, 파기름, 참기름으로 마무리한 후 접시에 담는다.

전문가의 한마디

- '홍소해삼', '해삼전복', '해삼송이'의 요리는 모두 같은 홍소(紅燒 – 붉게 볶는)의 조리법이며, 재료의 배합에 따라 이름이 지어진 요리들이다.
- 해삼과 송이, 전복 등의 재료를 전처리할 때 기름이나 물의 두 가지 방법이 좋으나, 기름을 사용하면 조금 더 좋은 맛을 낼 수 있다. 일반적으로 중국에서는 기름을 사용한다.
- 여기에서는 해삼의 전처리를 물로 사용했다.

memo

해삼전복 海蔘鮑魚 | hǎi shēn bào yú

해 삼 전 복

시험시간 **20**분

조리법 : **紅燒** 칼질방법 : **片**

요구사항

주어진 재료를 사용하여 '해삼전복'을 만드시오.

❶ 모든 재료는 편을 썰어 사용하시오.

❷ 해삼과 전복은 전처리하여 사용하시오.

수험자 유의사항

❶ 주재료와 육수의 비율을 알맞게 조절해야 한다.

❷ 요리의 색이 너무 검거나 희지 않게 조절해야 한다.

지급재료

주재료
해삼 150g, 전복 100g

부재료
대파(흰부분 4cm 정도) 1토막
마늘 2쪽, 생강 3g

양 념
파기름 30g, 청주 15g
간장 5g, 굴소스 10g
육수(또는 물) 150g
색깔간장 5g, 설탕 3g
물녹말 15g, 파기름 5g
참기름 1g

만드는 법

❶ 대파는 굵게 채(5cm×2cm)를 썰어 준비한다.
❷ 마늘은 편(片)을 썰어 준비한다. 그리고 생강은 다진다.
❸ 해삼은 편(片)을 썰어 기름(물)에 데쳐 준비한다.
❹ 전복은 끓는 물에 데쳐 내장과 이빨을 제거하고 얇게 편을 떠서 준비한다.
❺ 팬에 파기름을 넣고 대파, 생강, 청주, 간장, 굴소스, ③의 해삼과 전복, 굴소스, 육수, 색깔간장, 설탕, 물녹말, 파기름, 참기름으로 마무리하고 접시에 담는다.

전문가의 한마디

- 육수를 넣을 때 양을 늘리기 위해 과도하게 넣는 것을 자제해야 한다.
- 육수의 양은 주재료를 살짝 감싸는 정도가 이상적이다.
- 해삼은 수분이 많은 식자재이므로, 물녹말을 처리할 때 약간 되직하게 하는 것도 좋은 방법이다.

memo

시험시간 25분

생선(우럭)간장찜 淸蒸鼠頭魚(鮮魚) | qīng zhēng shǔ tóu yú(xiānyú)

청 증 서 두 어(선 어)

조리법 : 淸蒸 칼질방법 : 絲

요구사항

주어진 재료를 사용하여 '생선(우럭)간장찜'을 만드시오.

❶ 생선의 내장은 배를 가르지 않고, 입쪽으로 제거하시오.

❷ 생선살에 칼집을 내어 조리하시오.

수험자 유의사항

❶ 생선의 비늘을 먼저 제거한다.

❷ 담을 때는 생선의 머리가 왼쪽으로, 배가 안쪽으로 오게 담는다.

지급재료

주재료
우럭(400g 이상) 1마리

부재료
대파(흰부분 6cm 정도) 1토막
고수 30g

향신료
생강 10g

양 념
간장 60g, 육수(또는 물) 30g
청주 20g, 설탕 30g
굴소스 10g, 후춧가루 1g
대파 50g, 파기름 30g
고수 10g, 소금 1g

만드는 법

❶ 대파는 가늘게 채썰어 찬물에 담그고, 생강은 편을 썰어 생선을 찔 때 사용한다.
❷ 생선은 비늘을 제거한 후, 아가미쪽으로 나무젓가락을 사용하여 내장제거 후 3cm 간격으로 칼집을 넣는다.(양쪽 모두)
❸ 끓는 물에 생선 머리부터 살짝 데친다.
❹ 접시에 대파, 생강편을 깔고 생선을 올린다. 소금, 청주, 후춧가루로 밑간을 한 후 파기름을 뿌려 10~12분 정도 찜통에서 찐다.
❺ 접시에 생선만 덜어내고 대파채를 올린 뒤 팬에 파기름, 간장, 굴소스, 육수, 소금, 후춧가루로 생선소스를 만들어 생선 위에 뿌려준다. 파기름을 뜨겁게 달구어 생선 위에 쫙 뿌려준다.
❻ 고수를 장식하고 마무리한다.

전문가의 한마디

- 중국요리에서 생선이 의미하는 바는 매우 크다. 생선의 어(魚, yú)의 발음이 '남다, 여유롭다'의 뜻을 지닌 여(余, yú)의 발음과 같아서, 귀한 손님을 맞이할 때는 생선요리를 식탁에 올리는 풍습이 있다.
- 생선을 찌기 전에 끓는 물에 살짝 데쳐 찌면 비린맛을 제거할 수 있다.

memo

도미두반 豆瓣加吉魚 | dòu bàn jiā jí yú

두 반 가 길 어

시험시간 30분

조리법 : 炸, 燒 칼질방법 : 末

요구사항

주어진 재료를 사용하여 '도미두반'을 만드시오.

❶ 생선의 내장은 배를 가르지 않고 입쪽으로 제거하시오.
❷ 생선살에 칼집을 내어 조리하시오.

수험자 유의사항

❶ 생선의 비늘을 깨끗하게 제거한다.
❷ 담을 때는 생선의 머리가 왼쪽으로, 배가 안쪽으로 오게 담는다.

지급재료

주재료

도미(400g 이상) 1마리
돼지고기 30g

부재료

표고버섯 20g, 죽순 20g
청고추 15g, 홍고추 15g

향신료

대파 50g, 생강 10g
마늘 3쪽

양 념

간장 60g, 육수(또는 물) 30g
청주 20g, 두반장 30g
설탕 10g, 굴소스 10g
후춧가루 1g, 대파 50g
파기름 30g, 고수 10g
붉은고추 5g, 육수 300g
물녹말 30g

만드는 법

❶ 청 · 홍고추, 죽순, 표고버섯은 잘게 썬다.
❷ 대파는 잘게 썰고, 마늘, 생강은 곱게 다진다.
❸ 돼지고기는 곱게 다지고, 생선은 비늘을 제거한다. 아가미쪽으로 내장을 제거한 후, 살쪽에 바둑판 모양으로 칼질은 넣는다. 청주, 소금, 후춧가루로 밑간을 한다.
❹ 생선은 물기를 제거하고, 가루녹말을 묻혀 뜨거운 기름에 튀긴다.
❺ 팬에 고추기름을 넣고, 돼기고기를 볶은 다음 청주, ①의 야채와 두반장, 간장, 굴소스를 넣고 볶다가 육수, 설탕, 후춧가루로 간을 한다.
❻ ③의 튀긴 생선을 넣고 살짝 조린 후, 물녹말로 농도를 조절한 후 완성하여 접시에 담는다.

전문가의 한마디

• 도미는 비늘이 딱딱하여 잘 벗겨지지 않는데, 깨끗하게 제거해야 한다.
• 도미를 튀길 때는 꼬리부분을 잡고 머리부분을 먼저 익힌 다음, 몸 전체를 튀긴다.

memo

새우완자 蝦仁丸子 | xiā rén wán zi

하 인 환 자

시험시간 25분

조리법 : 清炒 칼질방법 : 泥, 小片

요구사항

주어진 재료를 사용하여 '새우완자'를 만드시오.

❶ 완자는 새우살과 달걀흰자, 녹말가루를 이용하여 2cm 정도의 크기로 만드시오.

❷ 새우완자는 기름에 튀겨 준비하시오.

수험자 유의사항

❶ 요리의 형태로 제시해야 한다.

지급재료

주재료
중새우 150g

부재료
표고버섯 2개, 죽순 30g
청고추 30g, 홍고추 30g
청경채 1포기, 달걀 0.5g

향신료
대파 5g, 마늘 10g, 생강 1g

양 념
청주 15g, 간장 5g
육수(또는 물) 50g
물녹말 10g, 파기름 10g

만드는 법

❶ 청·홍고추, 표고버섯, 죽순, 청경채는 작은 편으로 썰어 끓는 물에 데쳐 준비한다.

❷ 대파는 작은 편으로 썰고, 생강은 곱게 다진다.

❸ 새우는 껍질을 벗기고 내장을 제거한 후 칼로 곱게 다진다. 소금, 후춧가루, 청주, 달걀흰자, 녹말을 넣고 잘 섞어 반죽하여 왼손으로 완자를 쥐고 숟가락으로 떼어 130℃의 낮은 온도에서 튀긴다.

❹ 팬에 기름을 두르고 대파, 생강, 청주를 넣고, ①의 채소를 넣고 육수, 소금, 간장, 후춧가루로 간을 한 후 ③의 튀긴 새우를 넣고 물녹말로 마무리하여 완성한다.

전문가의 한마디

- 새우살은 곱게 다진 뒤 물기를 꼭 짜야 한다. 완자반죽 할 때 달걀흰자를 사용한다. 반죽한 완자는 왼손을 사용하여 숟가락으로 떼어 만드는 연습을 하고, 완자는 기름온도가 낮은 상태 130℃ 정도에서 넣어 익혀야 한다. 기름에 뜨면 건진다.
- 새우살을 다질 때는 칼의 면을 사용하면 좋다.

※ 완자의 모양이 곱게 나오기 위해서는 새우살을 곱게 다지는 것이 매우 중요하다.

memo

깐풍대하 乾烹大蝦 | gān pèng dà xiā

건 팽 대 하

시험시간 **25**분

조리법 : **乾烹** 칼질방법 : **末**

요구사항

주어진 재료를 사용하여 '깐풍대하'를 만드시오.

❶ 왕새우는 등쪽에 칼집을 넣고 껍질째 튀기시오.

❷ 새우가 구부러지지 않게 조리하시오.

수험자 유의사항

❶ 소스에 녹말을 사용하지 않아야 한다.

지급재료

주재료

왕새우 2마리

부재료

건고추 2개, 양파 30g
홍고추 1개, 청고추 1개
달걀 1개

향신료

대파 5g, 마늘 3쪽, 생강 1g

양 념

고추기름 30g, 청주 15g
간장 10g, 식초 15g
육수(또는 물) 50g, 참기름 2g

만드는 법

❶ 건고추는 어슷하게 자르고, 양파, 청 · 홍고추는 잘게 썰어 준비한다.

❷ 대파는 곱게 썰고, 마늘, 생강은 다져서 준비한다.

❸ 새우는 내장을 제거한 후 등쪽에 칼집을 내어 청주, 소금, 후춧가루로 밑간을 한다. 그리고 등쪽에 잔칼집을 넣어 달걀과 물녹말로 튀김옷을 입혀 기름에 두 번 튀긴다.

❹ 팬에 고추기름 ①의 건고추를 넣고, ②의 향신료와 청주 15g, 간장 10g, 육수 50g, 굴소스 5g, 식초 10g, 설탕 15g을 넣고 깐풍소스를 만든다.

❺ ③의 튀긴 왕새우를 넣어 재빨리 버무려 낸다.

전문가의 한마디

- '깐풍'은 "마르게 익힌다"는 조리법을 의미한다. 따라서 소스가 적어야 하고, 물녹말로 처리하지 않아야 한다.
- 레몬을 넣어 조리하면 풍미를 더욱 느낄 수 있다.

memo

깐쇼대하 乾燒大蝦 | gān shāo dà xiā

건 소 대 하

시험시간 25분

조리법 : 乾燒 칼질방법 : 末

요구사항

주어진 재료를 사용하여 '깐쇼대하'를 만드시오.

❶ 왕새우는 등쪽에 칼집을 넣고 껍질째 튀기시오.

❷ 새우가 구부러지지 않게 조리하시오.

수험자 유의사항

❶ 왕새우에 잔칼집을 넣어주는 것에 유의한다.

❷ 소스의 양이 너무 많거나 적지 않게 유의한다.

지급재료

주재료
왕새우 2마리

부재료
홍고추 1개, 청고추 1개
달걀 1개

향신료
대파 5g, 마늘 6쪽, 생강 1g

양 념
고추기름 30g, 청주 15g
두반장 5g, 케첩 50g
설탕 20g, 육수(또는 물) 100g
물녹말 10g

만드는 법

❶ 청 · 홍고추, 대파는 잘게 썰고 마늘, 생강은 곱게 다져 준비한다.

❷ 새우는 등을 갈라 내장을 빼고, 등쪽에 잔칼집을 넣어 소금, 후춧가루, 청주로 밑간을 한다.

❸ 새우는 튀김옷을 살짝 입혀 140℃에서 한 번 튀기고, 180℃에서 한 번 더 튀긴다.

❹ 팬에 고추기름, ①의 부재료와 향신료, 청주, 두반장, 케첩, 설탕, 물을 넣고 튀긴 새우를 넣어 소스가 새우에 밸 수 있게 살짝 졸인다.

❺ 불을 끄고 물녹말을 살짝 뿌려 재빨리 섞어 고추기름을 넣고 마무리한다.

전문가의 한마디

- 왕새우는 수염을 정리하고 꼬리부분의 물총을 제거하며, 새우 눈알을 제거하여 기름에 튀길 때 튀는 것을 방지한다.
- 잔칼집을 넣고 중심부분을 칼끝을 사용하여 5~6군데 정도 끊어준다. 이렇게 하여 튀기면 잘 구부러지지 않는다.

memo

시험시간 25분

폭쌍취 爆雙脆 | bào shuāng cuì

폭 쌍 취

조리법 : 爆 칼질방법 : 塊, 片

요구사항

주어진 재료를 사용하여 '폭쌍취'를 만드시오.

❶ 해물은 덩어리지게 썰어 조리하시오.

❷ 전복은 내장과 이빨을 제거하시오.

수험자 유의사항

❶ 해물은 기름에 장시간 데치지 않도록 유의한다.

❷ 기름이 튀지 않게 유의한다.

지급재료

주재료
전복 100g, 패주 100g

부재료
표고버섯 20g, 죽순 20g
은행 10g, 청피망 20g
홍피망 20g

향신료
대파 5g, 마늘 2g, 생강 1g

양 념
고추기름 30g, 청주 15g
간장 5g, 육수(또는 물) 100g
굴소스 5g, 소금 1g
물녹말 15g, 참기름 2g

만드는 법

❶ 부재료(표고버섯, 죽순, 청 · 홍피망)는 깨끗이 씻은 후 편으로 썰어 끓는 물에 데쳐 준비한다. 은행은 볶아 껍질을 제거한다.
❷ 대파와 마늘은 사각편(片)으로, 생강은 다져서 준비한다.
❸ 전복은 깨끗이 닦아 내장과 이빨을 제거한다. 패주는 칼집을 넣어 괴(塊)로 썰어 높은 온도의 기름에 익혀 준비한다.
❹ 팬에 고추기름 15g을 넣고 청주, 간장, 육수, 부재료를 넣어 볶은 다음 육수, 굴소스, 소금을 넣고 간을 한 후 끓으면 ③의 주재료를 넣어 빠르게 볶는다.
❺ 물녹말을 넣고 참기름을 넣어 마무리한다.

전문가의 한마디

• '폭쌍취(爆雙脆)'는 "두 가지 해물볶음"이라고 불린다. 폭(爆)은 높은 온도의 기름에 순간적으로 익혀 내는 것을 의미한다. 쌍(雙)은 두 가지를, 취(脆)는 바삭한 것을 의미한다. 따라서 폭(爆)이라는 조리법을 사용하여 재료의 수분을 그대로 유지하고 표면 부위를 바삭하게 익혀내는 것이다.
• 바삭하다고 해서 장시간 기름 속에 넣어두면 안 된다. 순간적으로 넣어서 건져내야 한다.

memo

전가복 全家福 | quán jiā fú
전 가 복

시험시간 30분

조리법 : 清炒, 炒 칼질방법 : 片

요구사항

주어진 재료를 사용하여 '전가복'을 만드시오.

❶ 브로콜리는 별도로 요리하시오.

❷ 재료는 편으로 썰어 사용하시오.

❸ 뚜껑소스의 색은 흰색으로 하시오.

수험자 유의사항

❶ 새우, 오징어, 해삼, 소라는 기름에 데쳐 사용해야 한다.

지급재료

주재료
전복 20g, 송이 20g
새우 25g, 해삼 25g
소라 10g, 갑오징어 40g

부재료
죽순 20g, 표고버섯 20g
청 · 홍피망 10g
브로콜리 40g, 당근 20g

향신료
대파 15g, 마늘 5g, 생강 3g

양 념
식용유 100g, 청주 20g
간장 15g, 굴소스(소금) 5g
육수(또는 물) 100g
후춧가루 0.1g, 파기름 15g
참기름 1g, 물녹말 20g

만드는 법

❶ 부재료(표고버섯, 죽순, 청 · 홍피망, 청경채)는 편으로 썰어 물에 데쳐 준비한다. 브로콜리는 3cm 크기로 잘라 파기름에 소금간을 하고 물녹말을 넣어 접시 가장자리에 가지런히 담는다.
❷ 대파는 굵은 채로, 마늘, 생강은 다져서 준비한다.
❸ 해삼, 오징어, 소라는 편으로 썰어 기름(물)에 데쳐 준비한다. 전복, 송이는 편으로 썰어 기름(물)에 데쳐 준비한다. 새우는 달걀흰자, 물녹말을 넣고 기름에 데쳐 준비한다.
❹ 팬에 식용유 20g, 향신료, 청주, ①의 부재료를 넣고 간장, 육수, 굴소스, ③의 주재료(해삼, 새우, 오징어, 소라), 후춧가루, 물녹말, 참기름을 넣어 ①의 그릇에 담는다.
❺ 팬에 식용유 25g, 향신료(대파 3g, 마늘 3g, 생강 0.2g), 청주 15g, 소금 1g과 육수 100g를 넣고, 물녹말을 풀어 걸쭉해지면 ③의(전복, 송이) 재료를 넣고 잘 섞은 다음 ④의 접시 위에 얹어준다.

전문가의 한마디

- '전가복(全家福)'은 "가족들이 모두 모인 축복의 가정"을 의미한다. 중국에서는 가족사진을 의미하기도 한다.
- '헤어진 가족을 찾아서 온전한 가족이 되었다'는 유래가 있는 요리이다.

memo

시험시간 30분

삼선누룽지 三鮮鍋巴 | sān xiān guō bā

삼 선 과 바

조리법 : 熘炒 칼질방법 : 片

요구사항

주어진 재료를 사용하여 '삼선누룽지'를 만드시오.

❶ 모든 재료는 편으로 썰어 조리하시오.

❷ 누룽지는 갈색이 나지 않도록 튀겨내시오.

수험자 유의사항

❶ 소스의 색이 너무 진한 갈색이 나지 않도록 유의한다.

❷ 소스의 양과 농도에 유의한다.

지급재료

주재료
누룽지 4개(공산품)
전복 20g, 송이 20g
새우 25g, 해삼 25g
소라 10g, 갑오징어 40g

부재료
죽순 20g, 표고버섯 20g
청피망 20g, 홍피망 20g
브로콜리 40g, 양송이 2개
청경채 2포기

향신료
대파 10g, 마늘 5g, 생강 5g

양 념
식용유 500g, 청주 20g
간장 15g, 굴소스(소금) 5g
육수(또는 물) 300g, 후춧가루
참기름 1g, 녹말 20g

만드는 법

❶ 부재료 야채는 편을 썰어 물에 데쳐 준비한다.
❷ 대파는 굵은 채로, 마늘, 생강은 다져서 준비한다.
❸ 새우, 오징어, 관자, 소라, 전복, 송이는 편을 썰어 기름(물)에 데쳐 준비한다.
❹ 팬에 식용유 20g, 향신료와 청주, ①의 야채를 넣고 간장, 육수, 후춧가루, 굴소스로 간을 하고, ③의 해물을 넣은 후 녹말, 참기름을 넣어 그릇에 담는다.
❺ 식용유를 올려 150℃ 온도에서 누룽지를 튀겨 볼에 담은 후 ④의 완성된 요리를 부어 완성한다.

전문가의 한마디

- 누룽지가 튀겨지는 것과 소스가 만들어지는 시간을 잘 맞추는 것이 중요하다.
- 간장과 굴소스를 많이 넣으면 색이 진해진다.
- 요리의 색이 흰색이든 갈색이든 무방하나, 시험의 요구사항을 잘 점검하는 것이 중요하다.

memo

부용게살 芙蓉蟹肉 | fú róng xiè ròu

부 용 해 육

시험시간 25분

조리법 : 炒, 炸 칼질방법 : 絲

요구사항

주어진 재료를 사용하여 '부용게살'을 만드시오.

❶ 부용의 형태를 표현하시오.

❷ 브로콜리는 따로 조리하여 담으시오.

수험자 유의사항

❶ 달걀흰자는 색이 갈색이 나지 않도록 한다.

지급재료

주재료
게살 100g

부재료
달걀흰자 100g, 생크림 20g
브로콜리 150g

향신료
대파 5g, 생강 2g

양 념
식용유 50g, 육수 100g
설탕 5g, 소금 1g
물녹말 15g

만드는 법

1. 팽이버섯은 뿌리부분을 잘라서 준비한다. 브로콜리는 3cm 크기로 잘라 팬에 기름을 두르고, 소금간을 살짝하여 녹말처리 한 후 재빨리 볶아 접시의 가장자리에 담는다.
2. 대파, 생강은 다져서 준비한다.
3. 게살은 곱게 찢어 끓는 물에 데쳐 준비한다.
4. 달걀흰자에 생크림, 설탕을 넣어 잘 섞어준 뒤, 팬에 식용유 50g을 넣고, 기름온도 70~80℃ 정도에서 서서히 불을 세게 하여 달걀에 색이 나지 않게 익혀준다. 채에 받혀 기름을 제거한다.
5. 팬에 파기름을 넣고 향신료, 청주, 게살, 육수, 소금, 후춧가루로 간을 한 뒤, ④의 달걀을 넣고 물녹말로 살짝 버무려 접시 중앙에 담아 낸다.

전문가의 한마디

- '부용'은 "연꽃"을 의미한다. 요리를 접시에 담을 때 연꽃의 색과 분위기를 연출하는 것이 중요하다.
- 달걀흰자와 생크림을 섞어 튀길 때는 대나무젓가락으로 미리 온도를 파악하는 것이 좋다.
- 표고버섯과 죽순, 청경채는 포함시키지 않았다. 만약 시험에서 이 재료가 제공되면 가늘게 채를 썰어 요리하면 된다.

memo

시험시간 25분

어향소고기말이 魚香捲牛肉 | yú xiāng juǎn niú ròu

어 향 권 우 육

조리법 : 炸, 捲 칼질방법 : 末

요구사항

주어진 재료를 사용하여 '어향소고기말이'를 만드시오.

1. 소고기를 6cm×7cm 크기로 편을 떠서 밑간을 하여 사용하시오.
2. 소고기에 녹말가루를 묻혀 튀기시오.

수험자 유의사항

1. 튀김 온도가 너무 높지 않게 유의한다.
2. 튀김옷의 농도에 유의한다.

지급재료

주재료

소고기 200g, 팽이버섯 50g

부재료

청고추 15g, 홍고추 15g
표고버섯 10g, 죽순 10g
샐러리 10g

향신료

대파 5g, 마늘 3g, 생강 2g

양 념

고추기름 30g, 청주 15g
간장 5g, 두반장 10g
설탕 3g, 식초 10g
후춧가루 1g, 물녹말 20g
참기름 2g

만드는 법

❶ 표고버섯, 죽순, 샐러리, 청 · 홍고추는 곱게 잘라서 준비한다. 팽이버섯은 뿌리를 자르고 길이로 준비한다.

❷ 대파는 곱게 썰고, 마늘과 생강은 곱게 다진다.

❸ 소고기는 얇게 포를 떠 밑간을 한다. 그 속에 팽이버섯을 넣고 말아 녹말을 묻혀 기름에 튀긴다.

❹ 4cm의 크기로 자른다.

❺ 팬에 고추기름을 두르고 대파, 생강, 마늘을 넣고 청주, 두반장, ①의 부재료를 넣은 후 굴소스, 육수, 식초, 후춧가루를 넣고 간을 한다. ③의 튀긴 소고기를 넣고 물녹말을 넣어 농도를 맞춘 뒤 접시에 담아 완성한다.

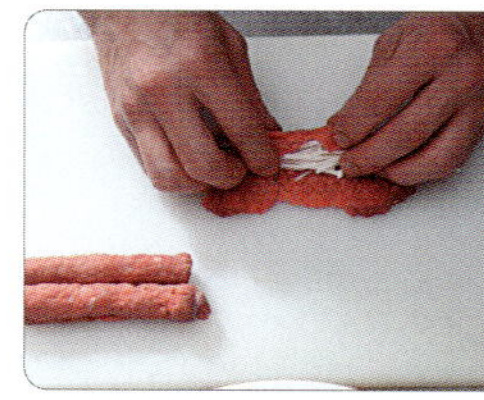

전문가의 한마디

- '어향'은 생선의 향을 의미한다. 사천지방에서 유래된 조리법으로, 바다와 거리가 떨어진 사천지방에서 생선에 대한 그리움에, 비슷한 맛을 그리워하며 만들게 되었다.
- 중국에서는 일반적으로 포초(泡椒-홍고추를 소금에 절여 발효시킨 것)와 중국의 곡물식초, 그리고 요주(醪糟-술지게미)가 들어가 새콤한 맛을 내어 생선의 향을 낸다.

memo

시험시간 25분

소고기양상추쌈 安仁牛肉鬆 | ān rén niú ròu sōng

안 인 우 육 송

조리법 : 炒 칼질방법 : 鬆

요구사항

주어진 재료를 사용하여 '소고기양상추쌈'을 만드시오.

❶ 모든 재료는 쌀알 크기로 송송 써시오.

❷ 양상추는 직경 6cm 크기로 6개를 만드시오.

수험자 유의사항

❶ 소고기는 밑간을 하여 기름에 살짝 데쳐 준비한다.

❷ 육수는 재료에 살짝 묻어 있는 정도이면 충분하다.(육수의 양에 유의한다.)

지급재료

주재료
소고기 150g, 양상추 200g

부재료
표고버섯 15g, 죽순 15g
샐러리 15g, 청피망 15g
홍피망 15g, 잣 10g
양상추 300g(1통)

향신료
파 30g, 마늘 5g, 생강 0.2g

양 념
청주 15g, 간장 3g
육수(또는 물) 50g, 설탕 1g
굴소스 5g, 후춧가루 0.1g
물녹말 5g, 참기름 1g

만드는 법

❶ 부재료(표고버섯, 죽순, 샐러리, 청 · 홍피망, 잣)는 쌀알 크기로 자르고, 양상추는 직경 6cm 크기로 동그랗게 자른다.
❷ 소면은 기름에 튀겨 준비한다.
❸ 대파는 송송 썰고 마늘, 생강은 곱게 다져 준비한다.
❹ 소고기는 쌀알 크기로 잘라 소금, 후춧가루, 청주로 밑간을 하고, 달걀흰자와 물녹말로 양념을 하여 기름에 데쳐 준비한다.
❺ 팬에 기름을 두르고 대파, 생강, 청주, 간장을 넣고 볶다가 ①의 부재료를 넣고 육수, 굴소스, 후춧가루로 간을 한 다음 물녹말을 넣고 마무리한다.
❻ 동그랗게 잘라낸 ①의 양상추에 소면 튀긴 것을 깔고, ⑤의 완성된 요리를 담고 잣을 올려준다.(함께 버무려도 무방하다.)

전문가의 한마디

• 재료를 자를 때, 작은 크기지만 정확하고 반듯하게 썰어야 요리가 완성되었을 때 보기가 좋다.

memo

시험시간 25분

어향육사 魚香肉絲(어 향 육 사) | yú xiāng ròu sī

조리법 : 炒 칼질방법 : 絲

요구사항

주어진 재료를 사용하여 '어향육사'를 만드시오.

❶ 모든 재료의 크기는 6cm 크기의 채로 써시오.
❷ 목이버섯은 손으로 뜯어 사용하시오.
❸ 소스의 농도에 주의하시오.

수험자 유의사항

❶ 소고기는 밑간을 한 다음, 물녹말과 달걀흰자로 반죽하여 기름에 데쳐 사용한다

지급재료

주재료
돼지고기 150g

부재료
표고버섯 10g, 죽순 10g
홍고추 5g, 샐러리 10g
목이버섯 10g, 달걀 1개

향신료
대파 15g, 마늘 3g, 생강 2g

양 념
고추기름 30g, 청주 15g
두반장 5g, 간장 3g
육수(또는 물) 100g
굴소스 5g, 식초 10g
설탕 5g, 물녹말 10g

만드는 법

❶ 부재료(표고버섯, 죽순, 샐러리, 청 · 홍고추)는 모두 채로 썰어 준비한다. 목이버섯은 손으로 뜯어 준비한다.

❷ 향신료 대파는 채썰고 마늘, 생강은 곱게 다져 준비한다.

❸ 돼지고기는 얇게 편을 뜬 뒤 채썰어 소금, 후춧가루, 청주로 밑간을 한다.

❹ 달걀흰자, 물녹말을 넣어 반죽한 뒤 기름에 데쳐 준비한다.

❺ 팬에 고추기름을 넣고 향신료, 청주, 두반장, 간장, 부재료를 넣고 볶은 다음 육수, 식초, 설탕, 후춧가루로 간을 한다. 기름에 데친 돼지고기를 넣어 볶다가 물녹말을 약간 풀고 고추기름, 참기름으로 마무리한다.

전문가의 한마디

- '어향'은 "생선의 향"을 의미한다. 사천지방에서 유래된 조리법으로, 바다와 거리가 떨어진 사천지방에서 생선에 대한 그리움에, 비슷한 맛을 그리워하며 만들어졌다.
- 중국에서는 일반적으로 포초(泡椒-홍고추를 소금에 절여 발효시킨 것)와 중국의 곡물식초, 그리고 요주(醪糟-술지게미)가 들어가 새콤한 맛을 내어 생선의 향을 낸다.
- 중국에서는 일반적으로 줄기상추뿌리(萵笋, wōsǔn)와 목이버섯이 부재료로 사용된다.

memo

꿔바로 鍋巴肉 | guōbāròu
과 바 육

시험시간 25분

조리법 : 炸 칼질방법 : 片

요구사항

주어진 재료를 사용하여 '꿔바로(누룽지탕수육)'를 만드시오.

❶ 돼지고기는 5cm×5cm 크기의 정사각형으로 써시오.
❷ 튀김 시 색깔이 갈색이 되지 않도록 하시오.

수험자 유의사항

❶ 튀김반죽의 농도가 너무 묽지 않아야 한다.
❷ 돼지고기는 밑간을 한 뒤, 녹말을 묻혀 튀김반죽을 입히고 온도에 유의한다.
❸ 튀김기름이 깨끗해야 이물질이 묻어나오지 않는다.

지급재료

주재료
돼지등심 150g

향신료
대파 15g, 생강 2g
케첩 50g

양 념
소금 1g, 후춧가루 0.1g
녹말 100g, 식용유 800g
육수(또는 물) 150g, 청주 25g
설탕 90g, 식초 30g
케첩 50g, 소금 2g
물녹말 15g, 베이킹파우더 2g

만드는 법

❶ 대파와 생강을 곱게 다져 준비한다.
❷ 돼지고기 등심을 0.3cm 두께의 누룽지 모양으로 썰어 소금, 후춧가루로 밑간을 한다.
❸ 밑간을 한 돼지고기에 마른녹말을 묻힌 뒤, 그릇에 전분, 베이킹파우더를 넣고 물로 걸쭉하게 반죽하여 튀김옷을 만든다.
❹ 옷을 입혀 140℃의 온도에서 튀긴 뒤, 온도를 높여 한 번 더 튀긴 후 접시에 담는다.
❺ 팬에 기름을 두르고 다진생강, 식초, 육수, 케첩, 소금을 넣어 끓으면 물녹말을 넣고 ④의 돼지고기 위에 소스를 끼얹는다.

전문가의 한마디

- '누룽지탕수육(鍋巴肉)'은 고기를 누룽지 모양으로 만들어 붙인 이름이다. 흔히 '찹쌀탕수육'이라고 불린다. 중국 동북지방에서 즐겨먹는 탕수육의 한 형태이다. 광동지방에서는 '꾸로육'이라는 형태의 탕수육이 있다. 모두 일맥상통하는 요리이다.
- 찹쌀을 사용하기도 하지만, 여기에서는 녹말을 사용하였다.
- 지급되는 재료에 입각하여 요리하는 것이 시험장에서의 필수요소이다.

memo

시험시간 **40**분

해삼삼겹살찜 海蔘五花肉 | hǎi shēn wǔ huā ròu

해 삼 오 화 육

조리법 : 蒸 칼질방법 : 片

요구사항

주어진 재료를 사용하여 '해삼삼겹살찜'을 만드시오.

❶ 삼겹살을 삶은 뒤 기름에 튀겨 사용하시오.

❷ 삼겹살의 크기는 두께 2cm, 가로 4cm×세로 4cm 정도의 정사각형으로 써시오.

수험자 유의사항

❶ 삼겹살을 튀길 때 기름이 끓어 넘치는 것에 유의한다.

지급재료

주재료
삼겹살 200g, 해삼 100g

부재료
청경채 6포기

향신료
대파 30g, 마늘 5g, 생강 5g
파기름 30g, 팔각 3개

양 념
청주 15g, 간장 5g
육수(또는 물) 100g, 굴소스 5g
설탕 2g, 식초 5g
색깔간장 5g, 물녹말 10g

만드는 법

❶ 청경채는 반으로 갈라 끓는 물에 데쳐 소금, 녹말로 볶아 접시에 담는다.

❷ 삼겹살은 핏물을 제거하고, 한 번 삶아 색깔간장을 고루 바르고 뜨거운 기름에 한 번 튀긴다.

❸ 팬에 육수 400g, 간장 20g, 굴소스 5g, 설탕 5g, 대파 3g, 생강 2g, 팔각 3개를 넣고 한 번 끓여준다.

❹ 믹싱볼에 ②의 삼겹살과 ③의 소스를 넣고 찜통에 20분 정도 중탕으로 찐다. 익으면 잘라서 ①의 접시에 가지런히 담는다.

❺ 팬에 대파 2g, 마늘 2g, 생강 0.2g, 청주 15g, 간장 3g을 넣고, 해삼을 넣은 다음 육수 50g, 굴소스 5g, 후춧가루 0.1g로 간을 한 후 녹말을 풀고 ④의 접시에 담아 완성한다.

전문가의 한마디

- 삼겹살 대신 허벅지살 주자(肘子, zhǒu zi)를 사용하기도 한다. 해삼주스라고 불리는 요리이다.
- 삼겹살을 찌는 것이 동파육과 비슷하나, 일반적으로 동파육은 찌는 방법이 아니라 족발 삶는 것처럼 뭉근한 불에 삶는 조리법이 일반적이다.
- '해삼삼겹살찜'은 홍소해삼과 삼겹살찜의 요리가 합쳐진 것이다.

memo

꿔타기 鍋塌鷄 | guō tā jī
과 탑 계

시험시간 25분

조리법 : 煎, 炒, 燒 칼질방법 : 絲

요구사항

주어진 재료를 사용하여 '꿔타기'를 만드시오.

❶ 모든 재료는 채를 썰어 조리하시오.

❷ 닭고기는 밑간을 한 뒤 마른녹말을 묻혀 지져 내시오.

수험자 유의사항

❶ 닭고기는 지져서(煎) 익혀야 한다.

❷ 녹말농도에 유의해야 한다.

지급재료

주재료
닭다리살 150g

부재료
청피망 20g, 홍피망 20g
표고버섯 10g
죽순 10g, 달걀 1개

향신료
대파 3g, 마늘 3g, 생강 5g

양 념
파기름 30g, 청주 15g
간장 5g, 육수(또는 물) 100g
굴소스 5g, 설탕 1g
식초 5g, 물녹말 10g

만드는 법

❶ 부재료는 깨끗이 손질한 후 채로 준비하여 끓는 물에 죽순, 표고버섯을 데쳐 준비한다.

❷ 향신료인 대파는 채썰고 마늘, 생강은 다져서 준비한다.

❸ 닭고기는 넓게 펴서 칼집을 넣고 밑간을 한 뒤 달걀물을 입히고, 녹말을 골고루 묻힌 다음 팬에 기름을 두르고 전을 부치듯 지져준다.

❹ 팬에 기름을 넣고 대파, 마늘, 생강, 청주, 부재료를 넣고 볶다가 간장, 육수, 굴소스, 설탕, 식초, 후춧가루를 넣고 간을 한 다음, 지져낸 닭고기를 넣고 간이 배게 약한 불에서 천천히 졸인다.
(※이때 팬을 시계방향으로 돌려준다.) 이것은 궈타를 의미한다.

❺ 닭고기에 간이 배고 익으면 닭고기를 건져내어 6cm×2cm 크기로 잘라 접시에 담는다.

❻ 팬에 남은 채소와 소스에 물녹말을 약간 넣고, ⑤의 닭고기 접시 위에 끼얹는다.

전문가의 한마디

- '궈타기(鍋塌鷄)'는 "닭고기를 넣고 팬을 흔들어주는 것"을 의미한다. 만약 궈타기의 중국어 표기를 鍋塔鷄(과탑계)로 쓴다면 '탑을 쌓는다'의 의미가 된다.
- 본 요리는 팬을 시계방향으로 움직여주는 것을 의미하는 것에 가깝다.

memo

유린기 油淋鷄 | yóu lín jī
유 림 계

시험시간 **25**분

조리법 : 炸 칼질방법 : 末

요구사항

주어진 재료를 사용하여 '유린기'를 만드시오.

❶ 닭고기는 녹말가루를 사용하여 튀겨 내시오.

❷ 모든 부재료는 쌀알 크기로 썰어 조리하시오.

수험자 유의사항

❶ 양상추는 손으로 뜯어서 작업한다.

지급재료

주재료
닭다리살 150g, 양상추 150g

부재료
달걀 1개, 청양고추 1개
홍고추 1개, 고수 2g
레몬 1개

향신료
대파 5g, 마늘 2g, 생강 1g

양 념
육수(또는 물) 50g, 청주 15g
간장 15g, 식초 5g
설탕 10g, 후춧가루 0.1g
참기름 2g, 물녹말 3g

만드는 법

❶ 부재료인 청양고추, 홍고추는 쌀알 크기로 썰어 준비하고, 레몬은 편으로 썬다. 그리고 고수는 손으로 먹기 좋게 뜯어놓고, 양상추는 손으로 뜯어 찬물에 담가놓는다.

❷ 대파는 잘게 썰고, 마늘은 다져 준비한다.

❸ 닭고기는 뼈를 발라 잔칼집을 넣고 소금, 후춧가루, 청주로 밑간을 한 뒤, 달걀물을 묻혀 가루녹말을 묻히고 150℃의 기름에 두 번 튀긴다.

❹ 팬에 기름을 두르고 육수와 부재료, 소금, 설탕, 식초, 간장, 굴소스, 레몬을 넣고 살짝 끓여 소스를 만든다.

❺ 접시에 양상추를 깔고, 그 위에 튀긴 닭고기를 잘라서 담고, 만들어 놓은 소스를 흠뻑 끼얹어준다.

전문가의 한마디

- '유린기(油淋鷄)'의 의미는 "흠뻑 젖었다"는 의미이다.
- 소스에 녹말을 풀지 않고 튀긴 닭고기에 뿌려준다.
- 기호에 따라서 고수를 살짝 곁들이는 것도 좋다.

memo

레몬기 檸檬鷄 | níng méng jī
녕 멍 계

시험시간 25분

조리법 : 炸 칼질방법 : 片

요구사항

주어진 재료를 사용하여 '레몬기'를 만드시오.

❶ 닭고기는 마른 녹말가루만 묻혀 튀겨 내시오.

❷ 레몬을 충분히 끓여 레몬향을 내시오.

수험자 유의사항

❶ 양상추는 닭고기 밑에 깔아서 담아 낸다.

지급재료

주재료
닭다리살 150g

부재료
양상추 100g, 달걀 1개
레몬 2개

향신료
대파 5g, 생강 1g

양 념
육수(또는 물) 50g
식초 5g, 설탕 30g
소금 1g, 물녹말 15g

만드는 법

❶ 양상추는 먹기 좋은 크기로 뜯거나 잘라서 접시에 담는다.
❷ 팬에 물 2/3컵, 설탕 30g, 소금 1g, 레몬즙 15g, 식초 15g, 레몬을 잘게 썰어 같이 끓인다.
❸ 닭다리살은 얇게 편으로 칼질하고 청주, 소금, 후춧가루로 밑간을 한 다음, 달걀을 묻히고 가루녹말을 살짝 묻혀 기름에 튀긴다.
❹ 식용유 170℃의 온도에 닭다리살을 넣고 3분 정도 바삭하게 두 번 튀긴다.
❺ 준비한 레몬시럽을 닭고기 위에 뿌려준다.

전문가의 한마디

- 닭고기는 잔칼집을 넣고 달걀물을 골고루 바른 뒤, 가루 녹말을 묻혀 튀기는 방식으로 한다.
- 튀김옷을 만들어 튀겨도 무방하지만, 자칫 튀김옷이 두꺼워지면 닭고기 특유의 부드러움을 상실할 수 있다.
- 식용색소를 사용하면 진한 노란색을 표현할 수 있지만, 여기서는 사용하지 않았다.

memo

시험시간 30분

홍소양두부 紅燒釀豆腐 | hóng shāo niàng dòu fu

홍 소 양 두 부

조리법 : 炸, 炒, 蒸 칼질방법 : 丁, 泥

요구사항

주어진 재료를 사용하여 '홍소양두부'를 만드시오.

❶ 두부는 5cm×5cm×5cm 크기의 정육면체로 자르시오.

❷ 청경채는 분리하여 조리하시오.

❸ 8개를 제출하시오.

수험자 유의사항

❶ 두부는 한 번 튀긴 뒤에 소스에 담가 중탕으로 찐다.

❷ 소스의 색깔과 농도에 유의한다.

지급재료

주재료
두부 500g
돼지고기 100g(새우살 대체 가능)

부재료
청경채 6포기

향신료
대파 10g, 마늘 5g, 생강 2g

양 념
간장 15g, 청주 15g
전분 20g, 청주 15g
간장 15g, 육수(또는 물) 200g
굴소스 15g, 색깔간장 5g
물녹말 20g

만드는 법

1. 청경채는 반으로 갈라서 끓는 물에 데친 후 팬에 기름을 두르고 소금, 육수, 녹말로 살짝 볶아 접시 가장자리에 담는다. 대파, 마늘, 생강은 곱게 다진다.
2. 돼지고기도 잘게 다져 ①의 향신료와 청주, 간장, 녹말을 넣고 잘 치대어 준비한다.
3. 두부(丁)는 2cm×4cm×2cm로 썰어, 속을 파고 녹말을 발라 ②의 돼지고기(泥) 속을 채운 뒤 기름에 살짝 튀긴다.
4. 그릇에 소스를 만들어 튀긴 두부를 넣고, 찜통에 8분 정도 찐다.
5. 두부는 건져 접시에 담고, 소스는 물녹말을 넣어 농도를 맞추고 두부 위에 끼얹는다.

전문가의 한마디

- '양(釀)'의 의미는 본 재료의 속을 파내고, 다른 재료로 속을 채워 넣는 방식이다.

memo

삼선두반두부 豆瓣海鮮豆腐 | dòu bàn hǎi xiān dòu fu

두 반 해 선 두 부

시험시간 25분

조리법 : 炸, 炒 칼질방법 : 片

요구사항

주어진 재료를 사용하여 '삼선두반두부'를 만드시오.

1. 두부는 4cm 크기, 두께 1cm의 정삼각형으로 써시오.
2. 두부는 으깨지지 않게 하시오.

수험자 유의사항

1. 두부는 기름에 노릇하게 튀긴다.
2. 기름이 깨끗해야 한다.
3. 두부를 튀길 때 달라붙지 않도록 유의한다.

지급재료

주재료
두부 200g, 관자 30g
해삼 30g, 새우 30g

부재료
표고버섯 20g, 죽순 20g
청경채 1포기, 청고추 1개
홍고추 1개

향신료
대파 15g, 마늘 5g, 생강 2g

양 념
고추기름 30g, 청주 15g
간장 5g, 두반장 15g
육수(또는 물) 150g, 굴소스 5g
설탕 2g, 물녹말 15g, 참기름 2g

만드는 법

❶ 부재료 모두 편(片)으로 썰어 끓는 물에 데친다.
❷ 향신료 대파는 편 4cm로, 마늘도 편으로, 생강은 다진다.
❸ 두부는 4cm 삼각형 크기와 두께로 1cm 정도 썰어 기름에 살짝 튀긴다.
❹ 해물은 편으로 썰고, 새우는 내장을 제거하여 기름(물)에 데쳐 준비한다.
❺ 팬에 고추기름과 ②의 향신료, 청주, 두반장을 넣고 볶다가 ①의 부재료를 넣고 육수, 굴소스, 후춧가루, 설탕을 넣어 간을 한다. ④의 해물을 넣는다.
❻ 튀긴 두부를 넣어 간이 배면 물녹말을 넣고 고추기름, 참기름으로 마무리하여 접시에 담는다.

전문가의 한마디

- 두부를 튀길 때 높은 온도에 넣으면 검게 탄다. 120℃ 정도의 낮은 온도에서 넣고 서서히 온도를 높여 익힌다. 이 때 국자로 젓지 않고 기름 위에 뜰 때까지 기다리면 달라붙지 않고 저절로 떨어진다.
- 기름은 깨끗한 것으로 사용한다. 기름이 지저분하면 두부에 기름찌꺼기가 묻는다는 것에 유념한다.

memo

시험시간 15분

굴소스청경채 蠔油青菜 (호유청채) | háo yóu qīng cài

조리법 : 溜炒 칼질방법 : 塊

요구사항

주어진 재료를 사용하여 '굴소스청경채'를 만드시오.

1. 청경채는 먹기 좋게 반으로 잘라 사용하시오.
2. 지급되는 재료를 모두 사용하시오.

수험자 유의사항

1. 소스의 농도에 유의해야 한다.

지급재료

주재료

청경채 6포기

부재료

대파 3g, 마늘 2g, 생강 1g

양 념

청주 15g, 간장 5g
굴소스 15g, 육수(또는 물) 100g
후춧가루 1g, 물녹말 15g
노두유(중국식 색깔간장) 3g

만드는 법

❶ 청경채는 깨끗이 씻어 먹기 좋게 반으로 가른다.
❷ 끓는 물에 살짝 데쳐 팬에 파기름을 두르고, 청경채를 넣어 소금과 물녹말로 코팅하여 접시에 예쁘게 담는다.
❸ 팬에 파기름을 두르고 다진파, 생강을 볶다가 청주로 향을 낸 뒤 굴소스를 넣고 육수, 조미료, 노두유로 간을 맞춘 뒤 물녹말로 농도를 정리한다.
❹ 준비한 청경채 위에 얹어서 낸다.

전문가의 한마디

- '청경채'는 데치지 않고 그냥 볶아도 무방하나, 불이 약하면 한 번 데치는 것이 좋다.
- 향신료인 대파와 생강이 주어지면 곱게 다져, 채소가 볶아진 다음에 넣으면 타지 않게 조리할 수 있다.
- 소스에 녹말을 넣을 때는 끓고 나서 불을 끈 다음에 넣고 충분히 섞어준 다음, 불을 켜 녹말을 익혀주어야 덩어리지지 않는다. 가급적 한 번에 농도를 맞추는 것이 중요하다.

memo

크림소스청경채 奶油青菜 | nǎi yóu qīng cài

내 유 청 채

시험시간 15분

조리법 : 清炒 칼질방법 : 塊

요구사항

주어진 재료를 사용하여 '크림소스청경채'를 만드시오.

❶ 청경채는 먹기 좋게 반으로 잘라서 사용하시오.

❷ 지급되는 재료를 모두 사용하시오.

수험자 유의사항

❶ 소스의 농도에 유의해야 한다.

지급재료

주재료
청경채 6포기

양 념
생크림 100g, 설탕 30g
물녹말 20g

만드는 법

❶ 청경채는 깨끗이 씻어 먹기 좋게 손질하여 끓는 물에 살짝 데쳐, 팬에 담아 소금과 물녹말로 코팅하여 접시에 예쁘게 담는다.

❷ 코팅된 팬을 깨끗이 닦아 생크림과 설탕을 넣고 끓인다.

❸ 물녹말 농도를 맞춘 뒤 청경채 위에 소스를 담아 완성한다.

전문가의 한마디

- '청경채'는 데치지 않고 그냥 볶아도 무방하나, 불이 약하면 한 번 데치는 것이 좋다.
- 향신료인 대파와 생강이 주어지면, 곱게 다져 야채가 볶아진 다음에 넣으면 타지 않게 조리할 수 있다.
- 소스에 녹말을 넣을 때는 끓고 나서 불을 끈 다음에 넣고, 충분히 섞어준 다음 불을 켜 녹말을 익혀주어야 덩어리지지 않는다. 가급적 한 번에 농도를 맞추는 것이 중요하다.

memo

군만두 煎餃子 | jiānjiǎozi

전 교 자

시험시간 30분

조리법 : 蒸 煎 칼질방법 : 末

요구사항

주어진 재료를 사용하여 '군만두'를 만드시오.

❶ 군만두에 주름을 잡아서 만드시오.

❷ 익반죽을 사용하고, 한 번 찐 다음에 조리하시오.

❸ 8개를 제출하시오.

수험자 유의사항

❶ 반죽 시에 반드시 끓는 물을 사용해야 한다.

지급재료

주재료
밀가루 140g

부재료
돼지고기 다진 것 80g
배춧잎 25g, 부추 25g
대파 20g, 생강 0.5g

양 념
간장 7g, 굴소스 5g
청주 5g, 육수(또는 물) 10g
후춧가루 0.3g, 참기름 2g
소금 1g, 끓는 물 70g

만드는 법

❶ 밀가루는 소금과 끓는 물로 익반죽하여 거즈로 덮어 10분 정도 숙성시킨다.
❷ 대파, 부추, 배추는 쌀알 크기로 썰고, 생강은 다져 놓는다. 배추는 소금에 절여 물에 씻어 물기를 꼭 짠다.
❸ 볼에 돼지고기 다진 것과 양념을 넣고 방망이로 한 쪽 방향으로 저어준다. 고소한 향과 흰 빛깔, 거품이 일면 생강을 넣고 배추, 대파, 부추의 순서로 넣어 잘 섞어준다.
❹ 반죽을 15~16g씩 떼어 여분의 밀가루를 솔솔 뿌리면서 손바닥으로 한 번 눌러준 뒤, 만두방망이로 지름 9cm 정도로 동그랗게 민다.
❺ ④의 안에 만두소 17~20g을 넣고, 초승달 모양으로 만들어 나란히 둔다.
❻ 찜통에 9분 정도 쪄서 식힌 다음, 팬에 식용유를 둘러 지져 완성한다.

전문가의 한마디

- '군만두'의 반죽은 끓는 물로 반드시 익반죽해야 하며, 찜통에 한 번 찐 다음 식혀 만두가 1/3 정도 잠길 정도의 기름을 넣고 팬을 시계방향으로 돌려가며 양쪽을 골고루 지져서 익힌다.
- 일반적으로 튀기는 것이라고 인식하고 있는데, 튀기는 것이 아니다. 군만두 밑바닥이 잠길 정도로 자작할 정도면 충분하다.
- 요구 수량을 반드시 제출해야 한다.

memo

빠스은행 拔絲銀杏 | bá sī yín xìng
발 사 은 행

시험시간 25분

조리법 : 炸, 拔絲 칼질방법 : 塊

요구사항

주어진 재료를 사용하여 '빠스은행'을 만드시오.

❶ 은행은 볶아 껍질을 제거한 후 사용하시오.
❷ 은행의 튀김옷이 벗겨지지 않도록 하시오.
❸ 20개 이상을 제출하시오.

수험자 유의사항

❶ 시럽이 산화되지 않도록 해야 한다.
❷ 녹인 설탕이 골고루 묻어있어야 한다.
❸ 실이 뽑아지도록 해야 한다.

지급재료

주재료
은행 30알

부재료
달걀 1개, 밀가루 150g

양 념
튀김기름 800g, 식용유 5g
설탕 130g, 물 10g

만드는 법

1. 팬에 소량의 기름을 두르고 은행과 소금을 넣고 볶아서 키친타월로 껍질을 벗긴다. 은행에 달걀을 묻히고 밀가루를 묻힌 다음, 뜨거운 물에 살짝 적신 후 다시 밀가루를 묻히는 과정을 2~3회 반복한다.(작은 믹싱볼을 사용하면 좋다.)
2. 그릇에 식용유를 발라 놓는다.
3. 130℃ 튀김기름에 ①을 천천히 노르스름하게 튀긴다. 기름 위에 뜨면 건진다.
4. 팬을 코팅한 상태에서 설탕 100g을 넣고 가장자리가 타지 않게 물 5g을 둘러주고(물의 양이 너무 많지 않아야 한다), 불조절을 하여 국자에 묻어 있는 설탕까지 맑고 투명한 느낌이 들 때까지 골고루 녹여야 한다.
5. ③의 은행이 기름에 떠오르면, 건져 팬에 넣고 녹인 설탕을 골고루 버무려 낸다. 은행의 튀김옷이 으깨지지 않게 주의한다. 마지막에 물 5g을 넣고 마무리한다.
6. 접시에 기름을 바르고 하나씩 담아 낸다. 이 때 실이 뽑아져야 한다.

전문가의 한마디

- '빠스(拔絲)'의 의미는 "실을 뽑다"라는 뜻이다.
- 설탕을 녹여 재료에 묻혔을 때 실의 형태가 잘 나와야 한다.
- 팬에 기름이 너무 많지 않아야 한다.
- 물을 너무 많이 넣지 않는 것에 유의한다.
- 먹을 때는 찬물에 한 번 담가 설탕을 굳힌 다음 먹어야 이빨에 달라붙지 않는다.
- 은행에 튀김옷을 입힐 때는 작은 믹싱볼이나 작은 파이팬이 좋다.
- 시험 시 수량이 제시되니, 수량은 반드시 제출해야 한다.

memo

빠스바나나 拔絲香焦 | bá sī xiāng jiāo
발 사 향 초

시험시간 25분

조리법 : 炸, 拔絲 칼질방법 : 塊

요구사항

주어진 재료를 사용하여 '빠스바나나'를 만드시오.

❶ 바나나는 4cm 크기로 돌려가며 자르시오.

❷ 10개를 제출하시오.

수험자 유의사항

❶ 튀김옷이 벗겨지지 않도록 유의한다.

❷ 설탕이 덩어리지지 않게 충분히 녹여야 한다.

지급재료

주재료

바나나 300g

부재료

달걀 30g, 밀가루 250g
튀김기름 1,400g

양 념

식용유 800g, 설탕 150g
물 10g

만드는 법

❶ 바나나는 껍질을 벗겨 4cm 정도의 크기로 돌려가며 괴로 썬다.

❷ 자른 바나나 ①에 달걀을 묻히고 밀가루를 묻힌 다음, 뜨거운 물에 살짝 적신 후 다시 밀가루를 바르는 과정을 2~3회 반복한다.

❸ ②의 바나나를 130℃의 낮은 온도의 기름에서 천천히 튀긴다. 기름 위에 떠오를 때까지 튀긴다.

❹ 팬을 코팅한 상태에서 설탕 100g을 넣고 가장자리가 타지 않게 물 5g을 둘러주고(물의 양이 너무 많지 않아야 한다), 불조절을 하여 국자에 묻어 있는 설탕까지 맑고 투명한 느낌이 들 때까지 골고루 녹여야 한다.

❺ ③의 바나나가 기름 위에 떠오르면 건져 팬에 넣고 녹인 설탕을 골고루 버무린다. 바나나의 튀김옷이 벗겨지지 않게 주의한다. 마지막에 물 5g을 넣고 마무리한다.

❻ 접시에 기름을 바르고 하나씩 담아 낸다. 이 때 실이 뽑아져야 한다.

전문가의 한마디

- '빠스(拔絲)'의 의미는 "실을 뽑다"라는 뜻이다.
- 설탕을 녹여 재료에 묻혔을 때 실의 형태가 잘 나와야 한다.
- 팬에 기름이 너무 많지 않아야 한다.
- 물을 너무 많이 넣지 않는 것에 유의한다.
- 먹을 때는 찬물에 한 번 담가서 설탕을 굳힌 다음 먹어야 이빨에 달라붙지 않는다.

memo

Chinese Cuisine

고급중국요리비법

부록편(출제기준)

중식 조리기능사 • 중식 조리산업기사 • 조리기능장

CHINESE
CUISINE

출제기준(필기)

직무분야	음식서비스	중직무분야	조리	자격종목	중식 조리기능사	적용기간	2016.1.1 ~ 2018.12.31

• 직무내용 : 중식조리부분에 배속되어 제공될 음식에 대한 기초 계획을 세우고 식재료를 구매, 관리, 손질하여 맛, 영양, 위생적인 음식을 조리하고 조리기구 및 시설관리, 유지하는 직무

필기검정방법	객관식	문제수	60	시험시간	1시간

필기과목명	문제수	주요항목	세부항목	세세항목
식품위생 및 관련법규, 식품학, 조리이론 및 원가계산, 공중보건	60	1. 식품위생	1. 식품위생의 의의	1. 식품위생의 의의
			2. 식품과 미생물	1. 미생물의 종류와 특성 2. 미생물에 의한 식품의 변질 3. 미생물 관리 4. 미생물에 의한 감염과 면역
		2. 식중독	1. 식중독의 분류	1. 세균성 식중독의 특징 및 예방대책 2. 자연독 식중독의 특징 및 예방대책 3. 화학적 식중독의 특징 및 예방대책 4. 곰팡이 독소의 특징 및 예방대책
		3. 식품과 감염병	1. 경구감염병	1. 경구감염병의 특징 및 예방대책
			2. 인수공통감염병	1. 인수공통감염병의 특징 및 예방대책
			3. 식품과 기생충병	1. 식품과 기생충병의 특징 및 예방대책
			4. 식품과 위생동물	1. 위생동물의 특징 및 예방대책
		4. 살균 및 소독	1. 살균 및 소독	1. 살균의 종류 및 방법 2. 소독의 종류 및 방법
		5. 식품첨가물과 유해물질	1. 식품첨가물	1. 식품첨가물 일반정보 2. 식품첨가물 규격기준 3. 중금속 4. 조리 및 가공에서 기인하는 유해물질
		6. 식품위생관리	1. HACCP, 제조물책임법(PL) 등	1. HACCP, 제조물책임법의 개념 및 관리
			2. 개인위생관리	1. 개인위생관리
			3. 조리장의 위생관리	1. 조리장의 위생관리

필기과목명	문제수	주요항목	세부항목	세세항목
		7. 식품위생관련법규	1. 식품위생관련법규	1. 총칙 2. 식품 및 식품첨가물 3. 기구와 용기 · 포장 4. 표시 5. 식품등의 공전 6. 검사 등 7. 영업 8. 조리사 및 영양사 9. 시정명령 · 허가취소 등 행정제재 10. 보칙 11. 벌칙
		8. 공중보건	1. 공중보건의 개념	1. 공중보건의 개념
			2. 환경위생 및 환경오염	1. 일광 2. 공기 및 대기오염 3. 상하수도, 오물처리 및 수질오염 4. 소음 및 진동 5. 구충구서
			3. 산업보건 및 감염병 관리	1. 산업보건의 개념과 직업병 관리 2. 역학 일반 3. 급만성감염병 관리
			4. 보건관리	1. 보건행정 2. 인구와 보건 3. 보건영양 4. 모자보건, 성인 및 노인보건 5. 학교보건
		9. 식품학	1. 식품학의 기초	1. 식품의 기초식품군
			2. 식품의 일반성분	1. 수분 2. 탄수화물 3. 지질 4. 단백질 5. 무기질 6. 비타민
			3. 식품의 특수성분	1. 식품의 맛 2. 식품의 향미(색, 냄새) 3. 식품의 갈변 4. 기타 특수성분
			4. 식품과 효소	1. 식품과 효소

필기과목명	문제수	주요항목	세부항목	세세항목
		10. 조리과학	1. 조리의 기초지식	1. 조리의 정의 및 목적 2. 조리의 준비조작 3. 기본조리법 및 다량조리기술
			2. 식품의 조리원리	1. 농산물의 조리 및 가공 · 저장 2. 축산물의 조리 및 가공 · 저장 3. 수산물의 조리 및 가공 · 저장 4. 유지 및 유지 가공품 5. 냉동식품의 조리 6. 조미료 및 향신료
		11. 급식	1. 급식의 의의	1. 급식의 의의
			2. 영양소 및 영양섭취기준, 식단작성	1. 영양소 및 영양섭취기준, 식단작성
			3. 식품구매 및 재고관리	1. 식품구매 및 재고관리
			4. 식품의 검수 및 식품감별	1. 식품의 검수 및 식품감별
			5. 조리장의 시설 및 설비 관리	1. 조리장의 시설 및 설비 관리
			6. 원가의 의의 및 종류	1. 원가의 의의 및 종류 2. 원가분석 및 계산

출제기준(실기)

직무 분야	음식서비스	중직무 분야	조리	자격 종목	중식 조리기능사	적용 기간	2016.1.1 ~ 2018.12.31

• 직무내용 : 중식조리부분에 배속되어 제공될 음식에 대한 기초 계획을 세우고 식재료를 구매, 관리, 손질하여 맛, 영양, 위생적인 음식을 조리하고 조리기구 및 시설관리, 유지하는 직무

• 수행준거 : 1. 중식의 고유한 형태와 맛을 표현할 수 있다.
2. 식재료의 특성을 이해하고 용도에 맞게 손질할 수 있다.
3. 레시피를 정확하게 숙지하고 적절한 도구 및 기구를 사용할 수 있다.
4. 기초조리기술을 능숙하게 할 수 있다.
5. 조리과정이 위생적이고 정리정돈을 잘 할 수 있다.

실기검정방법	작업형	시험시간	70분 정도

실기과목명	주요항목	세부항목	세세항목
중식조리작업	1. 기초조리작업	1. 식재료별 기초손질 및 모양 썰기	1. 식재료를 각 음식의 형태와 특징에 알맞도록 손질할 수 있다.
	2. 전채요리	1. 오징어냉채 조리하기	1. 주어진 재료를 사용하여 요구사항대로 오징어냉채를 조리할 수 있다.
		2. 해파리냉채 조리하기	1. 주어진 재료를 사용하여 요구사항대로 해파리냉채를 조리할 수 있다.
		3. 양장피잡채 조리하기	1. 주어진 재료를 사용하여 요구사항대로 양장피잡채를 조리할 수 있다.
		4. 기타 조리하기	1. 기타 전채요리를 조리할 수 있다.
	3. 튀김요리	1. 라조기 조리하기	1. 주어진 재료를 사용하여 요구사항대로 라조기를 조리할 수 있다.
		2. 깐풍기 조리하기	1. 주어진 재료를 사용하여 요구사항대로 깐풍기를 조리할 수 있다.
		3. 난자완스 조리하기	1. 주어진 재료를 사용하여 요구사항대로 난자완스를 조리할 수 있다.
		4. 새우케첩볶음 조리하기	1. 주어진 재료를 사용하여 요구사항대로 새우케첩볶음을 조리할 수 있다.
		5. 홍쇼두부 조리하기	1. 주어진 재료를 사용하여 요구사항대로 홍쇼두부를 조리할 수 있다.
		6. 탕수육 조리하기	1. 주어진 재료를 사용하여 요구사항대로 탕수육을 조리할 수 있다.
		7. 탕수생선 조리하기	1. 주어진 재료를 사용하여 요구사항대로 탕수생선을 조리할 수 있다.

실기과목명	주요항목	세부항목	세세항목
		8. 짜춘권 조리하기	1. 주어진 재료를 사용하여 요구사항대로 짜춘권을 조리할 수 있다.
		9. 기타 조리하기	1. 기타 튀김요리를 조리할 수 있다.
	4. 볶음요리	1. 채소볶음 조리하기	1. 주어진 재료를 사용하여 요구사항대로 채소볶음을 조리할 수 있다.
		2. 마파두부 조리하기	1. 주어진 재료를 사용하여 요구사항대로 마파두부를 조리할 수 있다.
		3. 고추잡채 조리하기	1. 주어진 재료를 사용하여 요구사항대로 고추잡채를 조리할 수 있다.
		4. 부추잡채 조리하기	1. 주어진 재료를 사용하여 요구사항대로 부추잡채를 조리할 수 있다.
		5. 경장육사 조리하기	1. 주어진 재료를 사용하여 요구사항대로 경장육사를 조리할 수 있다.
		6. 기타 조리하기	1. 기타 볶음요리를 조리할 수 있다.
	5. 밥류	1. 새우볶음밥 조리하기	1. 주어진 재료를 사용하여 요구사항대로 새우볶음밥을 조리할 수 있다.
	6. 딤섬류	1. 딤섬 조리하기	1. 주어진 재료를 사용하여 요구사항대로 딤섬을 조리할 수 있다.
	7. 수프류	1. 새우완자탕 조리하기	1. 주어진 재료를 사용하여 요구사항대로 새우완자탕을 조리할 수 있다.
		2. 달걀탕 조리하기	1. 주어진 재료를 사용하여 요구사항대로 달걀탕을 조리할 수 있다.
		3. 기타 조리하기	1. 기타 수프류를 조리할 수 있다.
	8. 면류	1. 물만두 조리하기	1. 주어진 재료를 사용하여 요구사항대로 물만두를 조리할 수 있다.
		2. 울면 조리하기	1. 주어진 재료를 사용하여 요구사항대로 울면을 조리할 수 있다.
		3. 유니짜장면 조리하기	1. 주어진 재료를 사용하여 요구사항대로 유니짜장면을 조리할 수 있다.
		4. 기타 조리하기	1. 기타 면류를 조리할 수 있다.
	9. 찜류	1. 찜 조리하기	1. 주어진 재료를 사용하여 요구사항대로 증교자를 조리할 수 있다.
	10. 조림류	1. 조림 조리하기	1. 주어진 재료를 사용하여 요구사항대로 조림을 조리할 수 있다.
	11. 후식류	1. 빠스고구마 조리하기	1. 주어진 재료를 사용하여 요구사항대로 빠스고구마를 조리할 수 있다.
		2. 빠스옥수수 조리하기	1. 주어진 재료를 사용하여 요구사항대로 빠스옥수수를 조리할 수 있다.
		3. 기타 조리하기	1. 기타 후식류를 조리할 수 있다.

실기과목명	주요항목	세부항목	세세항목
	12. 담기	1. 그릇 담기	1. 적절한 그릇에 담는 원칙에 따라 음식을 모양 있게 담아 음식의 특성을 살려 낼 수 있다.
	13. 조리작업관리	1. 조리작업, 위생관리하기	1. 조리복 · 위생모 착용, 개인위생 및 청결 상태를 유지할 수 있다. 2. 식재료를 청결하게 취급하며 전 과정을 위생적으로 정리정돈하고 조리할 수 있다.

출제기준(필기)

직무 분야	음식서비스	중직무 분야	조리	자격 종목	중식 조리산업기사	적용 기간	2016.1.1 ~ 2018.12.31

• 직무내용 : 중식조리부분에 배속되어 제공될 음식에 대한 계획을 세우고 조리할 재료를 선정, 구입, 검수, 보관 및 저장하며 맛, 영양, 위생적인 음식을 조리하고 조리기구 및 시설 관리를 유지하며 급식 및 외식경영을 수행하는 직무

필기검정방법	객관식	문제수	80	시험시간	2시간

필기과목명	문제수	주요항목	세부항목	세세항목
식품위생 및 관련 법규	20	1. 식품위생 개론	1. 식품위생의 개념 및 행정기구	1. 식품위생의 의의 및 행정기구
			2. 식품과 미생물	1. 미생물의 종류와 특성 2. 미생물에 의한 식품의 변질 3. 미생물 관리 4. 미생물에 의한 감염과 면역
		2. 식중독관리	1. 세균성 식중독	1. 세균성 식중독의 특징 및 예방대책
			2. 자연독 식중독	1. 자연독 식중독의 특징 및 예방대책
			3. 화학적 식중독	1. 화학적 식중독의 특징 및 예방대책
			4. 곰팡이 독소	1. 곰팡이 독소의 특징 및 예방대책
		3. 식품과 감염병	1. 경구감염병	1. 경구감염병의 특징 및 예방대책
			2. 인수공통감염병	1. 인수공통감염병의 특징 및 예방대책
			3. 식품과 기생충병	1. 식품과 기생충병의 특징 및 예방대책
			4. 식품과 위생동물 · 해충	1. 위생동물의 특징 및 예방대책 2. 위생해충의 특징 및 예방대책
		4. 살균 및 소독	1. 살균 및 소독	1. 살균의 종류 및 방법 2. 소독의 종류 및 방법
		5. 식품첨가물	1. 식품첨가물	1. 식품첨가물 일반정보 2. 식품첨가물 규격기준
		6. 유해물질	1. 유해물질	1. 중금속 2. 조리 및 가공에서 기인하는 유해물질
		7. 식품위생관리	1. HACCP, PL 등	1. HACCP, 제조물책임법 등의 개념 및 관리
			2. 개인위생관리	1. 개인위생관리
			3. 급식시설 위생관리	1. 급식시설의 위생관리

필기과목명	문제수	주요항목	세부항목	세세항목
		8. 식품위생관련법규	1. 식품위생관련법규	1. 총칙 2. 식품 및 식품첨가물 3. 기구와 용기 · 포장 4. 표시 5. 식품 등의 공전 6. 검사 등 7. 영업 8. 조리사 및 영양사 9. 시정명령 · 허가취소 등 행정제재 10. 보칙 11. 벌칙
식품학	20	1. 식품과 영양	1. 식품과 영양	1. 식품군별 분류 2. 영양소의 기능 및 영양섭취기준
			2. 식품의 일반성분	1. 수분 2. 탄수화물 3. 지질 4. 단백질 5. 무기질 6. 비타민
			3. 식품의 특수성분	1. 식품의 맛 2. 식품의 색 3. 식품의 갈변 4. 식품의 냄새 5. 기타 특수성분
			4. 식품과 효소	1. 식품과 효소
조리이론 및 원가계산	20	1. 조리과학	1. 기본조리조작	1. 조리와 식품의 물리화학적 특성 2. 기본조리조작
			2. 가열조리	1. 습열조리 2. 건열조리
			3. 비가열조리	1. 비가열조리
		2. 조리이론	1. 재료별 조리특성 및 원리	1. 곡류 및 두류 2. 수조육류 및 어패류 3. 난류 4. 우유 및 유제품 5. 채소 및 과일 6. 해조류 7. 유지류 8. 냉동식품의 조리 9. 조미료 및 향신료

필기과목명	문제수	주요항목	세부항목	세세항목
			2. 식품의 가공 및 저장	1. 식품의 가공 및 저장의 기초 2. 식재료별 가공 및 저장 3. 유전자재조합 및 방사선 조사식품
		3. 급식 및 외식경영 관리	1. 메뉴관리	1. 식품군 및 식사구성안 2. 레시피 작성 3. 메뉴분석 및 개발
			2. 원가관리	1. 원가의 개념 2. 원가분석 및 계산
			3. 식품 구매 및 검수관리	1. 식품의 구매 및 검수관리 2. 식품출납관리
			4. 작업관리	1. 작업장의 동선관리 2. 작업장의 안전관리 3. 설비 및 조리기기관리 4. 인력관리
공중보건학	20	1. 공중보건	1. 공중보건의 개념	1. 공중보건의 개념
			2. 환경위생 및 환경오염	1. 일광 2. 공기 및 대기오염 3. 상하수도, 오물처리 및 수질오염 4. 소음 및 진동 5. 구충구서
			3. 산업보건	1. 산업보건의 개념과 직업병관리
			4. 역학 및 감염병관리	1. 역학 일반 2. 급만성감염병관리
			5. 보건관리	1. 보건행정 2. 인구와 보건 3. 보건영양 4. 모자보건, 성인 및 노인보건 5. 학교보건

출제기준(실기)

직무분야	음식서비스	중직무분야	조리	자격종목	중식 조리산업기사	적용기간	2016.1.1 ~ 2018.12.31

• 직무내용 : 중식조리부분에 배속되어 제공될 음식에 대한 계획을 세우고 조리할 재료를 선정, 구입, 검수, 보관 및 저장하며 맛, 영양, 위생적인 음식을 조리하고 조리기구 및 시설 관리를 유지하며 급식 및 외식경영을 수행하는 직무

• 수행준거 : 1. 중식의 고유한 형태와 맛을 표현할 수 있고 메뉴개발을 할 수 있다.
2. 식재료의 특성을 이해하고 용도에 맞게 손질할 수 있다.
3. 레시피를 정확하게 숙지하고 적절한 도구 및 기구를 사용할 수 있다.
4. 기초조리기술을 능숙하게 할 수 있다.
5. 위생적인 조리와 정리정돈을 잘 할 수 있다.
6. 중식 상차림을 할 수 있다.

실기검정방법	작업형	시험시간	2시간 정도

실기과목명	주요항목	세부항목	세세항목
중식조리작업	1. 기초조리작업	1. 식재료 식별하기	1. 식재료의 상태를 식별할 수 있다.
		2. 식재료 기초손질 및 모양썰기	1. 식재료를 각 음식의 형태와 특징에 따라 분류하고 손질할 수 있다.
	2. 음식에 따른 조리작업	1. 육수, 소스 만들기	1. 요리 특성에 맞게 차고, 뜨거운 육수, 소스 조리작업을 할 수 있다.
		2. 수프 조리하기	1. 요리 특성에 맞게 수프 조리작업을 할 수 있다.
		3. 밥류 조리하기	1. 요리 특성에 맞게 밥류 조리작업을 할 수 있다.
		4. 냉채 조리하기	1. 요리 특성에 맞게 냉채 조리작업을 할 수 있다.
		5. 튀김 조리하기	1. 요리 특성에 맞게 튀기기 조리작업을 할 수 있다.
		6. 볶음 조리하기	1. 요리 특성에 맞게 볶기 조리작업을 할 수 있다.
		7. 찜 조리하기	1. 요리 특성에 맞게 찜하기 조리작업을 할 수 있다.
		8. 튀기고 볶기	1. 요리특성에맞게튀기고볶기조리작업을할수있다.
		9. 데치고 볶기	1. 요리특성에맞게데치고볶기조리작업을할수있다.
		10. 딤섬 조리하기	1. 요리 특성에 맞게 딤섬 조리작업을 할 수 있다.
		11. 면 · 만두 조리하기	1. 요리특성에 맞게면 · 만두 조리작업을할수있다.
		12. 조림 조리하기	1. 요리 특성에 맞게 조림 조리작업을 할 수 있다.
		13. 삶기	1. 요리 특성에 맞게 삶기 조리작업을 할 수 있다.
		14. 녹말풀기	1. 요리특성에 맞게 녹말풀기 조리 작업을 할 수 있다.
		15. 양념하기	1. 요리특성에맞게양념하기조리작업을할수있다.
	3. 상차림	1. 상차림하기	1. 적절한 그릇에 담는 원칙에 따라 음식을 모양있게 담아 음식의 특성을 살려낼 수 있다.
	4. 조리작업관리	1. 조리작업, 위생관리하기	1. 조리복 · 위생모 착용, 개인위생 및 청결상태를 유지할 수 있다. 2. 식재료를 청결하게 취급하며 전 과정을 위생적으로 정리정돈하고 조리할 수 있다.

출제기준(필기)

직무분야	음식서비스	중직무분야	조리	자격종목	조리기능장	적용기간	2016.1.1 ~ 2018.12.31

• 직무내용 : 한식, 양식, 일식, 중식, 복어조리부문의 책임자로서 제공될 음식에 대한 개발 및 계획을 세우고 조리할 재료를 선정, 구입, 검수, 보관 및 저장하며 적절한 조리기구를 선택하여 맛과 영양, 위생적인 음식을 제공, 관리하고, 조리시설, 기구, 조리장과 급식 및 외식 등을 총괄하는 직무

필기검정방법	객관식	문제수	60	시험시간	1시간

필기과목명	문제수	주요항목	세부항목	세세항목
공공중보건, 식품위생 및 관련 법규, 식품학, 조리이론 및 원가계산, 한식, 양식, 중식, 일식 및 복어 조리에 관한 사항	60	1. 공중보건	1. 공중보건의 개념	1. 공중보건의 개념
			2. 환경위생 및 환경오염	1. 일광 2. 공기 및 대기오염 3. 상하수도, 오물처리 및 수질오염 4. 소음 및 진동 5. 구충 · 구서
			3. 산업보건	1. 산업보건의 개념과 직업병관리
			4. 역학 및 감염병관리	1. 역학 일반 2. 급만성감염병관리
			5. 보건관리	1. 보건행정 2. 인구와 보건 3. 보건영양 4. 모자보건, 성인 및 노인보건 5. 학교보건
		2 식품위생	1. 식품위생의 개념	1. 식품위생의 개요 2. 행정기구
			2. 식품과 미생물	1. 미생물의 종류와 특성 2. 미생물에 의한 식품의 변질 3. 미생물 관리 4. 미생물에 의한 감염과 면역
			3 식중독 관리	1. 세균성 식중독 2. 자연독 식중독 3. 화학적 식중독 4. 곰팡이 독소

필기과목명	문제수	주요항목	세부항목	세세항목
			4 식품과 감염병	1. 경구감염병
				2. 인수공통감염병
				3. 식품과 기생충병
				4. 식품과 위생동물
			5. 살균 및 소독	1. 물리적 살균 및 소독
				2. 화학적 살균 및 소독
			6. 식품첨가물	1. 식품첨가물 일반정보
				2. 식품첨가물 규격기준
			7. 유해물질	1. 중금속
				2. 조리 및 가공 중의 유해물질
			8. 식품위생관리	1. HACCP, 제조물책임법 등의 개념 및 관리
				1. 개인위생관리
				1. 급식시설의 위생관리
		3. 식품위생관련법규	1. 식품위생관련법규	1. 총칙
				2. 식품 및 식품첨가물
				3. 기구와 용기 · 포장
				4. 표시
				5. 식품 등의 공전
				6. 검사 등
				7. 영업
				8. 조리사 및 영양사
				9. 시정명령 · 허가취소 등 행정제재
				10. 보칙
				11. 벌칙
		4. 조리이론	1. 조리의 정의와 목적	1. 조리의 정의와 목적
				2. 조리과학을 위한 지식
			2. 조리조작	1. 조리의 기본조작
				2. 비가열조리
				3. 습열조리
				4. 건열조리
				5. 복합조리
			3. 조리법 및 식사예절	1. 한식조리법 및 상차림, 식사예절
				2. 양식조리법 및 상차림, 식사예절
				3. 일식조리법 및 상차림, 식사예절
				4. 중식조리법 및 상차림, 식사예절
				5. 복어조리 관련사항

필기과목명	문제수	주요항목	세부항목	세세항목
			4. 식재료의 가공 및 조리	1. 곡류의 가공 및 조리 2. 밀가루의 가공 및 조리 3. 두류의 가공 및 조리 4. 육류의 가공 및 조리 5. 어패류의 가공 및 조리 6. 난류의 가공 및 조리 7. 우유의 가공 및 조리 8. 채소 및 과일의 가공 및 조리 9. 냉동식품의 가공 및 조리 10. 조미료와 향신료
		5. 급식 및 외식경영 관리	1. 메뉴관리	1. 식품군 및 식사구성안 2. 레시피 작성 3. 메뉴분석 및 개발
			2. 원가관리	1. 원가의 개념 2. 원가분석 및 계산
			3. 식재료 구매 및 검수관리	1. 식재료 구매 및 검수관리 2. 식품 출납관리
			4. 주방관리	1. 작업장의 동선관리 2. 작업장의 안전관리 3. 설비 및 조리기기 관리 4. 인력관리 5. 조리사의 직무분석
			5. 급식관리	1. 단체급식의 목적 및 식단 작성
		6. 식품학	1. 식품과 영양	1. 식품군별 분류 2. 영양소의 기능 및 영양섭취기준
			2. 식품의 일반성분	1. 수분 2. 탄수화물 3. 지질 4. 단백질 5. 무기질 6. 비타민
			3. 식품의 특수성분	1. 식품의 맛 2. 식품의 색 3. 식품의 갈변 4. 식품의 냄새 5. 기타 특수성분
			4. 식품과 효소	1. 식품과 효소

출제기준(실기)

직무 분야	음식서비스	중직무 분야	조리	자격 종목	조리기능장	적용 기간	2016.1.1 ~ 2018.12.31

• 직무내용 : 한식, 양식, 일식, 중식, 복어조리부문의 책임자로서 제공될 음식에 대한 개발 및 계획을 세우고 조리할 재료를 선정, 구입, 검수, 보관 및 저장하며 적절한 조리기구를 선택하여 맛과 영양, 위생적인 음식을 제공, 관리하고, 조리시설, 기구, 조리장과 급식 및 외식 등을 총괄하는 직무

• 수행준거 : 1. 한식, 양식, 중식, 일식, 복어조리의 고유한 형태와 맛을 표현할 수 있다.(한식조리는 공통으로 하며, 양식, 일식, 중식, 복어조리 중 택1)
2. 식재료의 특성을 이해하고 용도에 맞게 손질할 수 있다.
3. 레시피를 정확하게 숙지하고 적절한 도구 및 기구를 사용할 수 있다.
4. 조리기술을 능숙하게 할 수 있다.
5. 조리과정이 위생적이고, 정리정돈을 잘 할 수 있다.

실기검정방법	작업형	시험시간	5시간 정도

실기과목명	주요항목	세부항목	세세항목
조리작업	1. 조리기초작업	1. 식재료 식별하기	1. 식재료의 상태를 식별할 수 있다.
		2. 식재료별 기초손질 및 모양 썰기	1. 식재료를 각 음식의 형태와 특징에 따라 분류하고 손질할 수 있다.
		3. 숙련된 기술로 조리하기	1. 숙련된 기술로 정해진 시간 내에 조리할 수 있다.
	2. 한식조리작업	1. 밥 · 죽류 조리하기	1. 재료를 준비하고 능숙하게 밥, 죽류를 조리할 수 있다.
		2. 한식 면류 조리하기	1. 재료를 준비하고 능숙하게 한식 면류를 조리할 수 있다.
		3. 국과 탕류 조리하기	1. 재료를 준비하고 능숙하게 국과 탕류를 조리할 수 있다.
		4. 전골과 찌개류 조리하기	1. 재료를 준비하고 능숙하게 전골과 찌개류를 조리할 수 있다.
		5. 찜과 선류 조리하기	1. 재료를 준비하고 능숙하게 찜과 선류를 조리할 수 있다.
		6. 생채 · 숙채 · 회류 조리하기	1. 재료를 준비하고 능숙하게 생채 · 숙채 · 회류를 조리할 수 있다.
		7. 전, 적, 구이, 튀김 조리하기	1. 재료를 준비하고 능숙하게 전, 적, 구이, 튀김을 조리할 수 있다.
		8. 조림, 초, 복음류조리하기	1. 재료를 준비하고 능숙하게 조림, 초, 볶음류를 조리할 수 있다.
		9. 마른찬류 조리하기	1. 재료를 준비하고 능숙하게 마른찬류를 조리할 수 있다.

실기과목명	주요항목	세부항목	세세항목
		10. 장아찌류 조리하기	1. 재료를 준비하고 능숙하게 장아찌류를 조리할 수 있다.
		11. 한과류 조리하기	1. 재료를 준비하고 능숙하게 한과류를 조리할 수 있다.
		12. 김치류 조리하기	1. 재료를 준비하고 능숙하게 김치류를 조리할 수 있다.
		13. 음청류 조리하기	1. 재료를 준비하고 능숙하게 음청류를 조리할 수 있다.
	3. 양식조리작업	1. 스톡 조리하기	1. 재료를 준비하고 능숙하게 스톡류를 조리할 수 있다.
		2. 소스 조리하기	1. 재료를 준비하고 능숙하게 소스류를 조리할 수 있다.
		3. 수프 조리하기	1. 재료를 준비하고 능숙하게 수프류를 조리할 수 있다.
		4. 전채요리 조리하기	1. 재료를 준비하고 능숙하게 전채류를 조리할 수 있다.
		5. 샐러드 조리하기	1. 재료를 준비하고 능숙하게 샐러드류를 조리할 수 있다.
		6. 어패류요리 조리하기	1. 재료를 준비하고 능숙하게 어패류요리를 조리할 수 있다.
		7. 육류요리 조리하기	1. 재료를 준비하고 능숙하게 육류를 조리할 수 있다.
		8. 면류(파스타) 조리하기	1. 재료를 준비하고 능숙하게 파스타류를 조리할 수 있다.
		9. 달걀요리 조리하기	1. 재료를 준비하고 능숙하게 달걀요리를 조리할 수 있다.
		10. 채소류요리 조리하기	1. 재료를 준비하고 능숙하게 채소류요리를 조리할 수 있다.
		11. 쌀요리 조리하기	1. 재료를 준비하고 능숙하게 쌀요리를 조리할 수 있다.
		12. 후식 조리하기	1. 재료를 준비하고 능숙하게 후식을 조리할 수 있다.
	4. 중식조리작업	1. 전채류 조리하기	1. 재료를 준비하고 능숙하게 전채류를 조리할 수 있다.
		2. 생선류 조리하기	1. 재료를 준비하고 능숙하게 생선류를 조리할 수 있다.
		3. 육류 조리하기	1. 재료를 준비하고 능숙하게 육류를 조리할 수 있다.
		4. 가금류 조리하기	1. 재료를 준비하고 능숙하게 가금류를 조리할 수 있다.

실기과목명	주요항목	세부항목	세세항목
		5. 난류 조리하기	1. 재료를 준비하고 능숙하게 난류를 조리할 수 있다.
		6. 채소류 조리하기	1. 재료를 준비하고 능숙하게 채소류를 조리할 수 있다.
		7. 두부류 조리하기	1. 재료를 준비하고 능숙하게 두부류를 조리할 수 있다.
		8. 해산물류 조리하기	1. 재료를 준비하고 능숙하게 해산물류를 조리할 수 있다.
		9. 식사류 조리하기	1. 재료를 준비하고 능숙하게 식사류를 조리할 수 있다.
		10. 수프류 조리하기	1. 재료를 준비하고 능숙하게 수프류를 조리할 수 있다.
		11. 딤섬류 조리하기	1. 재료를 준비하고 능숙하게 딤섬류를 조리할 수 있다.
		12. 코스요리류 조리하기	1. 재료를 준비하고 능숙하게 코스요리류를 조리할 수 있다.
		13. 기타 조리하기	1. 기타 요리에 대하여 재료를 준비하고 능숙하게 조리할 수 있다.
	5. 일식조리작업	1. 무침류 조리하기	1. 재료를 준비하고 능숙하게 무침류를 조리할 수 있다.
		2. 국류 조리하기	1. 재료를 준비하고 능숙하게 국류를 조리할 수 있다.
		3. 회류 조리하기	1. 재료를 준비하고 능숙하게 회류를 조리할 수 있다.
		4. 삶은요리류, 조림류 조리하기	1. 재료를 준비하고 능숙하게 삶은요리류, 조림류를 조리할 수 있다.
		5. 구이류 조리하기	1. 재료를 준비하고 능숙하게 구이류를 조리할 수 있다.
		6. 튀김류 조리하기	1. 재료를 준비하고 능숙하게 튀김류를 조리할 수 있다.
		7. 찜류 조리하기	1. 재료를 준비하고 능숙하게 찜류를 조리할 수 있다.
		8. 초무침류 조리하기	1. 재료를 준비하고 능숙하게 초무침류를 조리할 수 있다.
		9. 후식 조리하기	1. 재료를 준비하고 능숙하게 후식을 조리할 수 있다.
		10. 일품요리 조리하기	1. 재료를 준비하고 능숙하게 일품요리를 조리할 수 있다.
		11. 도시락 조리하기	1. 재료를 준비하고 능숙하게 도시락요리를 조리할 수 있다.

실기과목명	주요항목	세부항목	세세항목
		12. 초밥류 조리하기	1. 재료를 준비하고 능숙하게 초밥류를 조리할 수 있다.
		13. 면류 조리하기	1. 재료를 준비하고 능숙하게 면류를 조리할 수 있다.
		14. 볶음류 조리하기	1. 재료를 준비하고 능숙하게 볶음류를 조리할 수 있다.
		15. 냄비류 조리하기	1. 재료를 준비하고 능숙하게 냄비류를 조리할 수 있다.
	6. 복어조리작업	1. 어종 감별하기	1. 복어의 계절별 유독성분의 어종구분을 할 수 있다. 2. 복어의 명칭구분을 할 수 있다.
		2. 독성 제거하기	1. 복어의 독성 제거작업을 할 수 있다. 2. 가식부위와 불가식부위를 구분할 수 있다.
		3. 기본요리 조리하기	1. 재료를 준비하고 능숙하게 껍질무침요리를 조리할 수 있다. 2. 재료를 준비하고 능숙하게 복어껍질 굳힘을 조리할 수 있다. 3. 재료를 준비하고 능숙하게 지리냄비를 조리할 수 있다. 4. 재료를 준비하고 능숙하게 회류요리를 조리할 수 있다. 5. 재료를 준비하고 능숙하게 튀김류요리를 조리할 수 있다.
	7. 상차림	1. 상차림하기	1. 적절한 그릇에 담는 원칙에 따라 음식을 모양 있게 담아 음식의 특성을 살려낼 수 있다. 2. 음식이 놓여지는 위치를 알고 배선할 수 있다.
	8. 조리작업관리	1. 조리작업위생관리하기	1. 조리복 · 위생모 착용 등 개인위생 및 청결 상태를 유지할 수 있다. 2. 식재료를 청결하게 취급하며 전 조리과정을 위생적으로 정리정돈하고 관리할 수 있다.

REFERENCES

경영일 · 김정윤(2011), Bistro China, 백산출판사.

이면희(2001), 이면희의 중국요리, 조선일보.

전석수 · 김춘호 · 김호석 · 채영철(2012), 호텔중국요리, 효일출판사.

정윤두 · 복혜자 · 정순영(2009), 호텔중국요리, 백산출판사.

주영하(2000), 중국 중국인 중국음식문화, 책세상.

梅益(1995), 中國烹飪白科辭典, 中國白科全書出版社.

王龍娣(1999), 中國食經, 上海文化出版社.

王存禮(2001), 中國 茶經, 上海文化出版社.

張富儒(2000), 四川烹飪事典, 重慶出版社.

蕭帆(1995), 中國烹飪辭典, 中國商業出版社.

정윤두

1982~2003년 서울가든호텔 중식조리장
1991년 제1회 서울국제요리경진대회 단체부문 중식 최우수상
중식조리기능사, 산업기사, 기능장(출제, 자문, 검토, 감독) 위원
일본 시즈오카 중식당 사노다케 개업컨설팅
중국 양주, 상해대학, 싱가폴, 태국, 홍콩, 조리학교 연수
제1종도서 외국조리 편집위원
경기대학교, 혜전대학, 대구보건대학 외래교수
호원대학교 식품외식조리학부 겸임교수
현) 한국외식산업대학교수협의회, 한국외식산업경영학회 중식조리분과 위원장
(주)제너시스 치킨대학 중앙연구소 수석연구원

윤인자

국가공인 조리기능장
2007년 서울국제요리대회 금상
2008년 우수지도자상(조리사중앙회)
2008년 올해의 기능장상 수상(조리기능장회)
한국산업인력관리공단 시험감독관
호원대학교 조리과 겸임교수
대진대학교, 경민대학, 동우대학 외래강사
한국외식산업학회 상임이사
한국조리기능장회 수석총무
세계음식문화연구원 상임이사, 학계 부회장
현) 고려직업전문학교 호텔외식조리학부 교수

김준호

세종대학교 조리외식경영학과 박사수료
리츠칼튼호텔 중식당 "취홍"
中國北京烹飪服務學校 研修
第6回 中國烹飪世界大赛 個人赛 銀賞, 團體赛 銀賞
신한대학교, 청운대학교, 세종대학교 외래강사
현) 롯데호텔 중식당 "도림" 근무

강일영

외식경영학 박사
국가공인 조리기능장
부첼라 메뉴개발팀 팀장
현) 가톨릭관동대학교 조리외식경영학과 겸임교수

김순태

가톨릭관동대학교 조리외식경영학과 박사과정
파로그랜드 중식당 총괄조리장
2001년 국제요리대회 개인전 금상
2008년 세계 중국요리대회 개인전 금상, 단체전 은상
2011년 국제 중찬 명사 임명(세계중국요리협회)
2013년 한·중·일 해산물요리대회 CHAMPION상 수상
2015년 상해 세계중식 주방장요리대회 특금상 수상
현) 쉐라톤 그랜드워커힐 호텔 21년 근무

김호석

국가공인 조리기능장
세종대학교 조리외식경영학과 외식경영학 박사
한국외식산업학회 이사
한국관광학회 이사
리츠칼튼호텔 중식당 "취홍"
리베라호텔 "와인에 & 다인"
中國四川烹飪轉科學校 修了
第6回 中國烹飪世界大赛 個人赛 銅賞, 團體赛 銀賞
한국산업인력관리공단 시험감독관
현) 관동대학교 호텔조리외식경영학과 교수

김주현

이화여자대학교 일반대학원 이학박사
한국식품영양재단 책임연구원
경북과학대학 전통발효식품과 교수
국민대학교 식품영양학과 겸임교수
식생활교육국민네트워크, 한국식생활문화학회 이사
한국식생활교육학회, 대한지역사회영양학회 이사
현) 동서울대학교 관광학부 호텔외식조리과 교수

박기오

세종대학교 일반대학원 조리외식경영학과 박사수료
제임스조리컨설팅 대표이사
aT한국농수산식품유통공사 식품컨설팅 전문위원
경민대학교 글로벌 외식전문가 양성과정 사업전담
국토해양부 제주국제자유도시개발센터 식음시설 심사위원
혜전대학교, 대구보건대학교 외래교수
경민대학교 호텔외식조리과 겸임교수
Westin Chosun Hotel 양식조리부 근무
현) 김포대학교 호텔조리과 외래교수

이승훈

외식경영학 박사
성우리조트 조리팀
2014년 국제요리대회 금상
2015년 국제요리대회 금상
2016년 아시아 명장요리대회 은상
2016년 세계중국요리대회 우수상
현) 중국요리전문점 "백야성" 대표
가톨릭관동대학교 조리외식경영학과 겸임교수

노병국

가톨릭관동대학교 조리외식경영학과 박사과정
SEMARQ HOTEL 조리팀
한화호텔 63CITY 조리팀
청강문화산업대학교, 경민대학교, 한중대학교 외래교수
현) 현대호텔 조리팀